Carolin Kirstein

Kinderbetreuungskosten

Ein steuerrechtlicher Blick
in die Vergangenheit, Gegenwart und Zukunft

Bachelor + Master
Publishing

Kirstein, Carolin: Kinderbetreuungskosten. Ein steuerrechtlicher Blick in die Vergangenheit, Gegenwart und Zukunft, Hamburg, Diplomica Verlag GmbH 2012
Originaltitel der Abschlussarbeit: Kinderbetreuungskosten und ihre Entwicklung seit 2006

ISBN: 978-3-86341-285-2
Druck: Bachelor + Master Publishing, ein Imprint der Diplomica® Verlag GmbH, Hamburg, 2012
Zugl. FOM · Hochschule für Ökonomie und Management Köln, Köln, Deutschland, Bachelorarbeit, Februar 2012

Bibliografische Information der Deutschen Nationalbibliothek:
Die Deutsche Nationalbibliothek verzeichnet diese Publikation in der Deutschen Nationalbibliografie; detaillierte bibliografische Daten sind im Internet über http://dnb.d-nb.de abrufbar.

Die digitale Ausgabe (eBook-Ausgabe) dieses Titels trägt die ISBN 978-3-86341-785-7 und kann über den Handel oder den Verlag bezogen werden.

Inhaltsverzeichnis

I

II

A. Abkürzungsverzeichnis

a.F. / aF	Alte Fassung
AG	Arbeitgeber
AN	Arbeitnehmer/in
AO	Abgabenordnung
Art.	Artikel
Az.	Aktenzeichen
BAG	Bundesarbeitsgericht
BB	Betriebs-Berater (Zeitschrift)
BEA-Freibetrag	Freibetrag für den Betreuungs- und Erziehungs- oder Ausbildungsbedarf
BEEG	Bundeselterngeld und Elternzeitgesetz
BetrVG	Betriebsverfassungsgesetz
BFH	Bundesfinanzhof
BFH/NV	Amtliche Nicht Veröffentlichte Entscheidungen des BFH
BGB	Bürgerliches Gesetzbuch
BGBl.	Bundesgesetzblatt
BGH	Bundesgerichtshof
BKKG	Bundeskindergeldgesetz
BMF	Bundesministerium der Finanzen
BStBl.	Bundessteuerblatt
BuFDi	Bundesfreiwilligendienst
BVerfG	Bundesverfassungsgericht
BVerfGE	Entscheidungen des BVerfG
CDU	Christlich Demokratische Union
DStR	Deutsches Steuerrecht
DV	Durchführungsverordnung
Ebd.	Ebenda
EFG	Entscheidungen der Finanzgerichte
EG	Europäische Gemeinschaft; Vorläufer der EU
ELStAM	Elektronische Lohnsteuerabzugsmerkmale
EMRK	Europäische Menschenrechtskonvention
ESt	Einkommensteuer
EStG	Einkommensteuergesetz
EStH	Einkommensteuer-Hinweise
EStR	Einkommensteuer-Richtlinien

EU	Europäische Union
EuGH	Europäischer Gerichtshof
EÜR	Einnahmen-Überschuss-Rechnung
EWR	Europäischer Wirtschaftsraum
FamLeistG	Familienleistungsgesetz
FDP	Freie Demokratische Partei
FG	Finanzgericht
FÖJ	Freiwilliges ökologisches Jahr
FSen	Senatsverwaltung für Finanzen
FSJ	Freiwilliges soziales Jahr
GdB	Grad der Behinderung
GewStG	Gewerbesteuergesetz
GG	Grundgesetz
Ggf.	Gegebenenfalls
Hrsg.	Herausgeber
i.S.d.	im Sinne des
i.V.m.	in Verbindung mit
JStG	Jahressteuergesetz
KBK	Kinderbetreuungskosten
KiSt	Kirchensteuer
n.F. / nF	Neue Fassung
NWB	Neue Wirtschaftsbriefe
PKW	Personenkraftwagen
rkr.	rechtskräftig
Rz.	Randziffer
SGB (I – XII)	(1. - 12.) Sozialgesetzbuch
Soli	Solidaritätszuschlag
SteuerStud	Steuer und Studium; Fachzeitschrift des NWB
StVereinfG	Steuervereinfachungsgesetz
UStG	Umsatzsteuergesetz
Vgl.	Vergleiche
VZ	Veranlagungszeitraum/-räume
zvE	zu versteuerndes Einkommen

B. Abbildungs- und Tabellenverzeichnis

C. Einleitung

Kaum ein anderer Aspekt des deutschen Einkommensteuergesetzes (EStG) hat in den letzten sechs Jahren so oft die Position und die Art des Abzuges gewechselt wie die Kinderbetreuungskosten (KBK).

Bis einschließlich des Veranlagungszeitraumes (VZ) 2005 waren diese Kosten nur als außergewöhnliche Belastungen nach § 33c EStG abzugsfähig. Der Bundesfinanzhof (BFH) äußerte hier verfassungsrechtliche Bedenken was den Abzug einer zumutbaren Entlastung von den entstandenen Kosten betraf, so dass auch das Bundesverfassungsgericht mit dem Beschluss vom 16.03.2005 der Auffassung war, dass § 33c EStG gegen Art. 1 (1) GG und Art. 6 (1) GG verstoße. Die Folge war eine komplette Neuregelung der Kinderbetreuungskosten. Diese Neuregelung erfolgte im Rahmen des Gesetzes zur steuerlichen Förderung von Wachstum und Beschäftigung, welches am 26.04.2006 beschlossen wurde und rückwirkend zum 01.01.2006 in Kraft trat. Die Neuregelung beinhaltete einen Abzug der Kinderbetreuungskosten „wie" Betriebsausgaben und Werbungskosten oder als Sonderausgaben, zu finden in vier Paragrafen (§§ 4f, 9, 9a, 10 EStG) an fünf unterschiedlichen Stellen (§§ 4f, 9 (5), 9a S. 1 sowie § 10 (1) Nr. 5 und 8 EStG). Die Anwendbarkeit dieser Paragrafen war jedoch von Beginn an durch das Anwendungsschreiben des Bundesministeriums für Finanzen (BMF) vom 19.01.2007 auf die Veranlagungszeiträume 2006 bis 2008 begrenzt. Ab VZ 2009 erfolgte durch das Gesetz zur Förderung von Familien und haushaltsnahen Dienstleistungen eine Zusammenfassung der oben genannten Paragrafen in einen einheitlichen § 9c EStG ohne inhaltliche Änderung.

Heute, sechs Jahre nach den ersten Änderungen, steht wiederum eine Änderung der Kinderbetreuungskosten durch den Gesetzgeber an. Am 23.09.2011 wurde das Steuervereinfachungsgesetz 2011 durch Bundesrat und Bundestag beschlossen und am 01.11.2011 verabschiedet. Demnach werden Kosten, die dem Steuerpflichtigen zur Betreuung, Ausbildung und Erziehung seines Kindes erwachsen, unabhängig von den bisherigen Berücksichtigungsgründen (Erwerbstätigkeit, Krankheit, Behinderung und Ausbildung) bis zu einer Höhe von maximal 6.000 € (begrenzt auf 2/3 der Aufwendungen = 4.000 €) steuerlich als Sonderausgaben anerkannt. Der Abzug als Werbungskosten oder Betriebsausgaben entfällt, somit auch die Möglichkeit eines Verlustvortrages durch Kinderbetreuungskosten.

Diese Bachelor Thesis beschäftigt sich mit dem Werdegang der Kinderbetreuungskosten von 2006 bis heute. Dabei wird insbesondere auf den Wechsel vom VZ 2005 auf VZ 2006 sowie auf die jüngsten Änderungen hinsichtlich der VZ 2012ff eingegangen. Da es sich um eine historische Betrachtung handelt, wird bis zum Kapitel III c) in der Vergangenheitsform geschrieben. Weitergehende Aspekte wie Kindergeld, Kinderfreibetrag, u.ä. werden im Anschluss an die vorherigen Ausführungen und dem Bedarf entsprechend erläutert, jedoch nicht ausführlich behandelt. Wird im Rahmen dieser Thesis vom „alten" Recht gesprochen, so bezieht sich dieser Ausdruck auf die Veranlagungszeiträume vor 2006. Dies hat den Hintergrund, dass die grundlegendsten Änderungen in dieser Zeit gelegen haben. Hingegen wird mit „neuem" Recht der Zeitraum ab dem Veranlagungszeitraum 2006 bis einschließlich 2011 bezeichnet und mit „aktuellem" Recht der Rechtsstand ab 2012. Aufgrund der verschiedenen Rechtsstände, die dieser Arbeit zugrunde liegen, werden bei Gesetzeszitaten in den Fußnoten neben den Paragrafen und der Kurzbezeichnung des Gesetzes in Klammern der Veranlagungszeitraum angegeben. Aus Vereinfachungsgründen wird auf die Vermerke a.F. für „alte Fassung" und n.F. für „neue Fassung" verzichtet, soweit der Kontext es zulässt. Dies gilt insbesondere für die Kapitel über die Veranlagungszeiträume bis 2009.

Die zugrundeliegenden Sachverhalte werden aus einkommensteuerlicher Sicht betrachtet, andere Steuerarten oder Gesetze sind nicht teil dieser Arbeit und werden allenfalls am Rande erwähnt. Dabei wurden nach Möglichkeit alle Sachverhalte bis zum 31. Januar 2012 berücksichtigt.

D. Kinderbetreuungskosten und ihre Entwicklung seit 2006

I. Grundlegendes

a) Kinder im Sinne des Einkommensteuergesetzes (EStG)

Grundvoraussetzung für den Abzug von Kinderbetreuungskosten ist es, sowohl nach altem[1], als auch nach neuem[2] Recht, dass ein Kind im Sinne des § 32 (1) EStG zum Haushalt des Steuerpflichtigen gehört. Daher ist die Klärung des Begriffes „Kind" elementar wichtig.

Biologisch betrachtet sind Kinder das Resultat der körperlichen Vereinigung zwischen Mann und Frau (Eltern/Erzeuger). Die Eltern sind genetisch untrennbar mit ihrem Abkömmling verbunden. Somit bleibt ein Kind für seine Erzeuger auch ein Leben lang im weitesten Sinne ein „Kind". Gesellschaftsrechtlich ist die Zeit der Kindheit begrenzt. Nach dem BGB endet die Kindheit mit Vollendung des 18. Lebensjahres, dem Erreichen der Volljährigkeit.[3] Diese Grenze gilt auch für das Steuerrecht. Kinder die das 18. Lebensjahr vollendet haben, werden nur noch unter bestimmten Voraussetzungen berücksichtigt. Hierzu später mehr.

§ 32 (1) EStG besagt, dass Kinder, die im ersten Grad mit dem Steuerpflichtigen verwandt sind sowie Pflegekinder, die nicht nur zu Erwerbszwecken im Haushalt aufgenommen wurden, beim Steuerpflichtigen als Kinder zu berücksichtigen sind. Die steuerliche Berücksichtigung erfolgt ab dem Kalendermonat, in dem das Kind lebend geboren wurde bzw. dem Zeitpunkt der Aufnahme im Haushalt bis zur Vollendung des 18. Lebensjahres.[4] Analog hierzu findet § 63 EStG (Kindergeld) entsprechend Anwendung. Dabei gilt bei der Haushaltszugehörigkeit eines Kindes noch folgendes zu beachten: Eine vorübergehende auswärtige Unterbringung ist für die Haushaltszugehörigkeit nicht schädlich, ebenfalls unproblematisch ist eine Wohnungsgemeinschaft mit Angehörigen und anderen Personen (z.B. Lebenspartner des einen Elternteiles). Selbst wenn ein Kind z.B. aufgrund einer Behinderung in einem Heim untergebracht ist, schließt dies die Haushaltszugehörigkeit nicht sofort aus. Allerdings müssen diese Kinder regelmäßig an den Wochenenden im elterlichen Haushalt sein.[5] Bei getrennt lebenden Elternteilen ist das Kind regelmäßig dem Haushalt zuzuordnen, in dem es gemeldet ist. Unter Umständen kann aber auch eine Aufteilung auf beide Eltern erfolgen, wenn dies

---

[1] § 33c EStG (2005).
[2] §§ 4f, 9 (5), 9c, 10 (1) Nr. 5 u. 8 EStG (2006ff).
[3] § 2 BGB (2002ff.).
[4] § 32 (3) EStG (alle VZ).
[5] Vgl. BFH v. 14.11.2001.

schlüssig nachgewiesen werden kann. Lebt das Kind hingegen im Ausland und ist daher nicht unbeschränkt einkommensteuerpflichtig, werden die, später erläuterten, Höchstbeträge entsprechend gekürzt.[6] Dabei hängt die Kürzung von den Verhältnissen des Wohnsitzstaates ab.[7] Das BMF-Schreiben vom 17.11.2003 gibt hierüber Aufschluss.[8] Ein Ausschluss der Berücksichtigung kann bei Kindern im Sinne des § 32 (1) EStG nur dann erfolgen, wenn der Verwandte ersten Grades sein Kind zur Adoption bzw. Pflege abgegeben hat. In diesem Fall erfolgt die Berücksichtigung nicht bei den leiblichen Eltern, sondern bei den Adoptiv- bzw. Stiefeltern.[9]

b) Berücksichtigungsgründe über das 18. Lebensjahr hinaus

Hat das Kind im Sinne des § 32 (1) EStG das 18. Lebensjahr vollendet und hat somit seine Volljährigkeit erlangt, ist eine steuerliche Berücksichtigung nur noch unter bestimmten Voraussetzungen möglich.[10] Gründe für die Berücksichtigung können dabei sein:

- Arbeitslosigkeit
- Berufsausbildung
- Übergangszeit
- Kein Ausbildungsplatz
- Freiwilliges soziales/ökologisches Jahr sowie Bundesfreiwilligendienst
- Behinderung
- Ausnahmefälle

<u>§ 32 (4) Nr. 1 EStG: Berücksichtigung eines Kindes bis zur Vollendung des 21. Lebensjahres:</u>

Arbeitslosigkeit:

Sofern das Kind das 21. Lebensjahr noch nicht vollendet hat, wird es auch dann über das 18. Lebensjahr hinaus berücksichtigt, wenn es als arbeitslos gilt. Dabei muss das Kind bei einer inländischen Agentur für Arbeit, einem anderen für Arbeitslosengeld II zuständigen Leistungsträger oder einem privaten Arbeits-

---

[6] Anm. der Autorin: Zur unbeschränkten Einkommensteuerpflicht s. §§ 1, 1a EStG.
[7] Vgl. Votsmeier, V. (2007), S. 63.
[8] Vgl. BMF v. 17.11.2003.
[9] § 32 (2) EStG (2006ff).
[10] § 32 (4) EStG (2006ff).

vermittler als arbeitssuchend gemeldet sein.[11] Der Arbeitslosenmeldung steht die Ausübung einer geringfügigen Beschäftigung im Sinne des § 8 SGB IV nicht entgegen, jedoch muss sichergestellt sein, dass im Jahresdurchschnitt die monatliche 400 €-Grenze nicht überschritten wird.[12] Die Meldung über die Arbeitslosigkeit muss regelmäßig, spätestens jedoch alle drei Monate erneuert werden. Geschieht dies nicht, entfallen für die Eltern die steuerlichen Kindervergünstigungen.[13]

§ 32 (4) Nr. 2 EStG: Berücksichtigungsgründe bis zur Vollendung des 27. Lebensjahres (bis einschließlich VZ 2006) bzw. bis zur Vollendung des 25. Lebensjahres (ab VZ 2007):

Ein Kind, welches das 27. Lebensjahr (bis VZ 2007) bzw. das 25. Lebensjahr (ab VZ 2007) noch nicht vollendet hat, kann gemäß § 32 (4) Nr. 2 a) - d) EStG über das 18. Lebensjahr hinaus berücksichtigt werden, wenn einer der nachfolgenden Gründe vorliegt:

a) Berufsausbildung:
In Berufsausbildung befindet sich ein Kind dann, wenn die ausgeübte Tätigkeit einem „zukünftigen" Beruf dient. Dazu gehören grundsätzlich die Besuche aller allgemeinbildenden Schulen (Real-, Haupt-, Fachschulen, etc.), Hochschulen sowie jede Tätigkeit, die in einem anerkannten Ausbildungsverhältnis stattfindet. Auch vorgeschriebene Berufspraktika zählen unter Umständen zur Berufsausbildung, sofern sie im Zusammenhang mit einer der vorgenannten Ausbildungsorte stehen. Der Besuch von Abendschulen und Tagesseminaren von jeweils nur kurzer Dauer hingegen, wird nicht als Berufsausbildung anerkannt. Kurzum, „in Berufsausbildung befindet sich, wer sein Berufsziel noch nicht erreicht hat, sich aber ernsthaft darauf vorbereitet."[14] Dabei ist regelmäßig von einer wöchentlichen Unterrichtszeit von mindestens 10 Stunden auszugehen. Besteht noch Schulpflicht, so wird auch eine Unterrichtszeit von weniger als 10 Wochenstunden anerkannt.

---

[11] Vgl. Hillmoth, B. (2009), S. 35 Rz. 50.
[12] Ebd.
[13] Vgl. BFH v. 19.06.2008.
[14] BFH v. 09.06.1999.

b) Übergangszeit

Eine Zeitspanne von maximal 4 Monaten zwischen zwei Ausbildungsabschnitten, einem Ausbildungsabschnitt und der Ableistung des gesetzlichen Wehr- und Zivildienstes (letztmalig möglich im Jahr 2011) oder der Ableistung eines freiwilligen Dienstes, wird als Übergangszeit im Sinne des Buchstaben b) anerkannt. Befindet sich ein Kind, das eine der oben genannten zeitlichen Grenzen noch nicht überschritten hat, in einer solchen Übergangszeit, so wird es auch für diese Zeit bei den Eltern als Kind berücksichtigt.[15]

c) Kein Ausbildungsplatz

Ist es einem Kind mangels Ausbildungsplatz nicht möglich eine Ausbildung zu beginnen oder fortzusetzen, ist es bis zur Vollendung des 25. Lebensjahres (vorher des 27. Lebensjahres) weiterhin als Kind zu berücksichtigen, sofern ein ernsthaftes Bemühen um einen Ausbildungsplatz seitens des Kindes gegeben ist.[16] Ein ernsthaftes Bemühen ist immer dann gegeben, wenn das Kind z.B. schon eine Zusage für einen Ausbildungsplatz hat, aber aus schul-, studien- oder betriebsorganisatorischen Gründen die Ausbildung erst später beginnen kann oder das Kind bei der Arbeitsagentur als ausbildungssuchend gemeldet wurde.[17] Eine Vollzeiterwerbstätigkeit während dieser Zeit wirkt sich dabei nicht schädlich aus.[18]

d) Freiwilliges soziales bzw. ökologisches Jahr oder Bundesfreiwilligendienst

Legt ein Kind unter 27 bzw. 25 Jahren ein freiwilliges soziales oder ein freiwilliges ökologisches Jahr (FSJ/FÖJ) ein oder nimmt am Bundesfreiwilligendienst (BuFDi) teil, so wird das Kind beim Steuerpflichtigen für die Dauer von maximal 18 Monaten steuerlich berücksichtigt. Dabei gilt es zu beachten, dass die Maßnahme entsprechend des § 32 (4) Nr. 2d EStG anerkannt sein muss. Nimmt ein Kind an einer Maßnahme teil, die weder dem FSJG (Gesetz zur Förderung eines freiwilligen sozialen Jahres) noch dem FÖJG (Gesetz zur Förderung eines freiwilligen sozialen Jahres), noch im BFDG (Bundesfreiwilligendienst-Gesetz) oder einem ausländischen Dienst im Sinne des Beschlusses Nr. 1031/2000/EG des Europäischen Parlaments und Rates bzw. einem anderen Dienst im Ausland im Sinne des § 14b Zivildienstgesetzes entspricht, so wird das Kind regelmäßig nicht

---

[15] Vgl. Hillmoth, B. (2009), S. 53 Rz. 150.
[16] Vgl. Hillmoth, B. (2009), S. 54 Rz. 160.
[17] Vgl. Hillmoth, B. (2009), S. 55 Rz. 161.
[18] Vgl. BFH v. 17.06.2010.

beim Steuerpflichtigen berücksichtigt.[19] Die anerkannten Dienste haben eine Dauer von mindestens 6 Monaten und können auf Antrag auf 18 Monate verlängert werden. Für die Anerkennung ist es entscheidend, dass der Dienst zusammen hängend erbracht wird, d.h. eine Aufsplittung in mehrere Zeiträume oder Dienste ist nicht möglich.[20]

§ 32 (4) Nr. 3 EStG: Berücksichtigung behinderter Kinder:

Ein Kind, das aufgrund einer körperlichen, geistigen oder seelischen Behinderung außerstande ist sich selbst zu versorgen, wird bis zur Vollendung des 27. bzw. des 25. Lebensjahres berücksichtigt, sofern die Behinderung bis zu diesem Zeitpunkt eingetreten ist. Darüber hinaus können behinderte Kinder auch über das 27. bzw. 25. Lebensjahr hinaus berücksichtigt werden, sofern die vor genannten Voraussetzungen erfüllt sind und ein entsprechender Nachweis erbracht wird. Eine später auftretende Behinderung hingegen führt nicht rückwirkend und somit auch nicht zu einer zukünftigen Berücksichtigung des Kindes. Anders liegt der Fall, wenn das Kind zwar vor Eintritt des 27. bzw. 25. Lebensjahres behindert war, jedoch die Unfähigkeit sich selbst zu unterhalten erst in späteren Jahren eingetreten ist. Hier hat der Bundesfinanzhof entschieden, dass in diesem Fall das Kind auf Antrag bei den Eltern, auch über die genannten Altersgrenzen hinaus, berücksichtigt werden muss. Der BFH stellte damit klar, dass § 32 (4) Nr. 3 EStG auch dann greift, wenn bis zum Erreichen des 27. bzw. 25. Lebensjahres nur die Behinderung vorliegt.[21] Der Nachweis über die Behinderung ist vom Steuerpflichtigen in geeigneter Form zu erbringen. Werden die entsprechenden Nachweise erbracht, wird in einer Einzelfallentscheidung anhand der Gesamtumstände beurteilt, ob ein Härtefall vorliegt und somit die weitergehende Berücksichtigung genehmigt werden kann.[22] Geeignete Nachweise können dabei sein:[23]

- Der Ausweis nach dem SGB IX der zuständigen Behörde (Versorgungsamt) bei einem Behinderungsgrad über 50 %,
- die Bescheinigung gemäß § 69 (1) SGB IX der zuständigen Behörde bei einem Behinderungsgrad unter 50 %,
- der Rentenbescheid oder ein gleichartiger Bescheid, aus dem hervorgeht,

---

[19] Vgl. BFH v. 24.6.2004.
[20] Vgl. Hillmoth, B. (2009), S. 62 Rz. 193.
[21] Vgl. BFH v. 9.6.2011.
[22] R 32.9 EStR (2006 - 2011)
[23] Vgl. Hillmoth, B. (2009), S. 67 Rz. 216.

dass das Kind aufgrund seiner Behinderung eine gesetzliche Rente bezieht

• sowie der Bescheid über die Einstufung in die Pflegestufe II nach dem SGB XI.

In Ausnahmefällen wird auch eine Bescheinigung oder ein Zeugnis des behandelnden Arztes oder ein ärztliches Gutachten anerkannt.[24]

Sonderfälle im Sinne des § 32 (4) EStG:

Es gibt in der Rechtsprechung zwei Sonderfälle, bei denen ein Kind berücksichtigt werden kann, obwohl keine der vorgenannten Voraussetzungen vorliegt. Das ist zum einen die Berücksichtigung trotz Vollzeiterwerbstätigkeit zwischen zwei Ausbildungsabschnitten, zum anderen die Berücksichtigung aufgrund der Ableistung des gesetzlichen Grundwehr- oder Zivildienstes. Geht ein Kind zwischen zwei Ausbildungsabschnitten, also in einer Übergangszeit von nicht mehr als vier Monaten, einer Vollzeiterwerbstätigkeit nach, so kann das Kind auch für diese Zeit weiter berücksichtigt werden, sofern die gesamten Einkünfte den Jahresgrenzbetrag (bis VZ 2008: 7.680 €, ab VZ 2008: 8.004 €) nicht überschreiten.[25]

Die zweite Ausnahme bildeten bis einschließlich des VZ 2011 solche Kinder, die ihren gesetzlich vorgeschriebenen Zivildienst abgeleistet hatten. Hatten diese Kinder bereits während ihres Zivildienstes ein Studium begonnen, so wurden auch sie trotz des Zivildienstes weiterhin als Kind berücksichtigt.[26] Dieser Aspekt entfällt ab dem Veranlagungszeitraum 2012, da bereits im Jahr 2011 sowohl die Wehrdienst- als auch die Zivildienstpflicht in Deutschland abgeschafft wurden. Eine Besonderheit bleibt jedoch auch in 2012 unter Umständen noch gegeben: Da die meisten Kinder ihren gesetzlich vorgeschrieben Wehr- oder Zivildienst vor Vollendung der erforderlichen Altersgrenzen ableisteten und somit meistens ihre Erstausbildung nach dem 21. bzw. 25./27. Lebensjahr beendeten, erfolgt in diesen Fällen gemäß § 32 (5) EStG eine über die gesetzlich vorgegebenen Grenzen hinausgehende Berücksichtigung, die der Dauer des Wehr- oder Zivildienstes entspricht.

---

[24] Vgl. Hillmoth, B. (2009), S. 67 Rz. 217.
[25] Vgl. BFH v. 16.11.2006.
[26] Vgl. BFH v. 04.07.2001.

In den Fällen des § 32 (4) S. 2 Nr. 1 und 2 EStG kam noch hinzu, dass die eigenen Einkünfte und Bezüge des Kindes einen Betrag von 8.004 € (ab VZ 2010; vorher: 7.680 €) nicht übersteigen durften. Dies bedeutete, dass zu hohe Einnahmen des Kindes sowohl für die Gewährung des Kinderfreibeträge als auch für das Kindergeld schädlich waren.[27] Zu den Einkünften eines Kindes gehörten sämtliche in § 2 EStG genannten Einkünfte. Im Einzelnen:

- Einkünfte aus Land- und Forstwirtschaft,
- Einkünfte aus Gewerbebetrieb,
- Einkünfte aus selbstständiger Arbeit,
- Einkünfte aus nichtselbstständiger Arbeit,
- Einkünfte aus Kapitalvermögen,
- Einkünfte aus Vermietung und Verpachtung,
- Sonstige Einkünfte.

Bei der Berechnung der Einkünfte fanden die allgemeinen Vorschriften des Einkommensteuergesetzes Anwendung. Entsprechend wurden bei ihrer Ermittlung Werbungskosten und Betriebsausgaben berücksichtigt. Bei den Bezügen handelte es sich um all jene Einnahmen in Geld oder Geldeswert, die nicht bei der einkommensteuerrechtlichen Einkünfteermittlung berücksichtigt wurden.[28] Dies sind vor allem Einnahmen gewesen, die nicht steuerbar, steuerbefreit (z.B. steuerfreier Teil der Waisenrenten) oder pauschal versteuerter Arbeitslohn (z.B. PKW-Überlassung) waren.[29] Anders als bei den Einkünften konnten bei den Bezügen keinerlei Werbungskosten oder Betriebsausgaben geltend gemacht werden. Es war lediglich eine Kostenpauschale in Höhe von 180 € abzuziehen.[30] Anders als bei einem „normalen" Steuerpflichtigen war bei Kindern in Ausbildung jedoch zusätzlich der volle Arbeitnehmeranteil zur Sozialversicherung abziehbar. Hier hatte das Bundesverfassungsgericht entschieden, dass eine Einbeziehung der Beiträge in die Bemessungsgrundlage der Einkünfte und Bezüge eines Kindes zu Lasten der Eltern gegen den Gleichheitsgrundsatz gemäß Art. 3 GG verstoße.[31] Analog waren bei Kindern in der Beamtenanwartschaft die Einkünfte und Bezüge um die Beiträge zur privaten bzw. freiwillig gesetzlichen Kranken- und Pflegeversicherung bis zur

---

[27] § 32 (4) S. 3 EStG (2006 – 2011).
[28] Vgl. Hillmoth, B. (2009), S. 101 Rz. 400.
[29] R 32.10 (2) EStR (2006 – 2011).
[30] R 32.10 (4) EStR (2006 – 2011).
[31] Vgl. Hillmoth, B. (2009), S. 75; BVerfG v. 11.01.2005.

Höhe des, den jeweiligen Beihilfeverordnungen angepassten, Versicherungs-
schutzes zu mindern. Die gesetzlich vorgeschriebene Lohnsteuer und die
klassischen Sonderausgaben wie Kirchensteuer, Beiträge zur privaten Zusatz-
krankenversicherung oder privaten Haftpflichtversicherungen minderten dagegen
die Einkünfte und Bezüge nicht. Auch Verlustabzüge im Sinne des § 10d EStG
fanden keine Berücksichtigung. Die so ermittelten Einkünfte und Bezüge durften
die Höchstbeträge nach § 32 (4) S. 3 EStG nicht übersteigen. Selbst eine geringe
Überschreitung führte zur gänzlichen Aberkennung von Freibeträgen und
Kindergeld. Einziges Entgegenkommen des Gesetzgebers in diesem Zusammenhang war das Absehen von einem Monatsgrenzbetrag. Es war daher unerheblich in
welchen Monaten das Kind die Einnahmen erwirtschaftet hatte.

2011 wurde durch das Steuervereinfachungsgesetz vom 01.11.2011 beschlossen,
die Einkommensüberprüfung des Kindes abzuschaffen. Lediglich Kinder bis zur
Vollendung des 25. Lebensjahres, die bereits eine Erstausbildung oder ein
Erststudium abgeschlossen haben, werden dann bei den Eltern steuerlich
berücksichtigt, wenn sie keiner Erwerbstätigkeit nachgehen. Unschädlich bleiben
Erwerbstätigkeiten mit einer Arbeitszeit von nicht mehr als 20 Wochenstunden,
innerhalb eines Ausbildungsverhältnisses oder im Rahmen einer geringfügigen
Beschäftigung.[32]

II. Steuerliche Abzugsmöglichkeiten von Kinderbetreuungskosten bis einschließlich VZ 2005

Bis einschließlich des VZ 2005 waren Kindervergünstigungen steuerlich nur sehr
begrenzt abziehbar. Neben dem Kinderfreibetrag und dem Freibetrag für den
Betreuungs- und Ausbildungs- oder Erziehungsbedarf nach § 32 (6) EStG, wurden
unter bestimmten Voraussetzungen Kinderbetreuungskosten nach § 33c EStG und,
bei einem auswärtig untergebrachten Kind, ggf. noch außergewöhnliche
Belastungen gemäß § 33a (1) EStG gewährt.

---

[32] § 32 (4) EStG (2012).

a) § 32 (6) EStG – Kinderfreibetrag und Freibetrag für den Betreuungs- und Erziehungs- oder Ausbildungsbedarf

Eine der steuerlichen Abzugsmöglichkeiten für Eltern war 2005 der Kinderfreibetrag sowie der Freibetrag für den Betreuungs- und Erziehungs- oder Ausbildungsbedarf.[33] Sie wurden immer dann gewährt, wenn ein Kind im Sinne des § 32 (1) bzw. (3) – (5) EStG zum Haushalt gehörte und die Günstigerprüfung nach § 31 EStG, dem sogenannten Familienleistungsausgleich, ergab, dass die Freibeträge zu einem steuerlich günstigeren Ergebnis führen als das bereits gezahlte Kindergeld.[34] Die Höhe der Freibeträge lässt sich dem § 32 (6) EStG entnehmen, demnach betrug der Kinderfreibetrag 2005 1.824 € und der Freibetrag für den Betreuungs- und Erziehungs- oder Ausbildungsbedarf 1.080 €, insgesamt somit 2.904 €, die der Steuerpflichtige in Abzug bringen konnte. Bei zusammenveranlagten Ehegatten wurden die Beträge entsprechend auf insgesamt 5.808 € verdoppelt. Eine Eintragung auf der Lohnsteuerkarte erfolgte nicht, da bereits das monatliche Kindergeld als Steuervergünstigung betrachtet wurde. Lediglich für die Berechnung der Kirchensteuer und des Solidaritätszuschlages waren die auf der Lohnsteuerkarte „allseits bekannten" Kinder von Bedeutung.[35] Weiter wird an dieser Stelle nicht auf die Freibeträge eingegangen, da dies ausführlich zu einem späteren Zeitpunkt in dieser Arbeit erfolgt.

b) § 33c EStG – Kinderbetreuungskosten

Während der Veranlagungszeiträume 2002 bis einschließlich 2005 waren „Aufwendungen für die Betreuung von Kinder in der Regel mit dem Kindergeld bzw. Kinderfreibetrag abgegolten."[36] Es bestand jedoch die Möglichkeit unter bestimmten Voraussetzungen, weitere Kosten steuerlich geltend zu machen und zwar immer dann, wenn der Steuerpflichtige und ggf. sein Ehepartner bzw. der getrennt lebende Elternteil über das normale Maß hinaus auf die Hilfe von Dritten bei der Betreuung, Erziehung und Ausbildung ihres Kindes angewiesen waren.[37] Über das normale Maß hinaus implizierte, dass zunächst ein Betrag von 1.548 € bei zusammenveranlagten Ehegatten (774 € bei Alleinerziehenden oder getrennt Lebenden) als zumutbare Belastung betrachtet wurde und darüber hinaus ein

---

[33] § 32 (6) EStG (2005).
[34] Vgl. Mücke, A. (2007), S. 12.
[35] Ebd.
[36] Hillmoth, B. (2006), Rz. 1.
[37] Ebd.

Abzug bis zu 1.500 € bzw. 750 € möglich war.[38] Dies bedeutete, dass nur Kosten berücksichtigt wurden, die mindestens 1.549 € (775 €) und maximal 3.048 € (1.524 €) betrugen. Zudem war der Abzug nur möglich, wenn es sich um ein, zum Haushalt des Steuerpflichtigen gehörigen Kindes im Sinne des § 32 EStG handelte, dass das 14. Lebensjahr noch nicht vollendet hatte oder aber wegen einer vor dem 27. Lebensjahr eingetretenen körperlichen, geistigen oder seelischen Behinderung außerstande war, sich selbst zu versorgen.[39] Waren diese Voraussetzungen erfüllt, so waren die Kosten weiterhin nur dann abziehbar, wenn der Steuerpflichtige entweder erwerbstätig war, sich in Ausbildung befand, körperlich, geistig oder seelisch behindert oder krank war. Bei zusammen lebenden Ehegatten mussten die vorgenannten Kriterien bei beiden Elternteilen vorliegen. Dabei galt es folgendes zu berücksichtigen: „Eine Erwerbstätigkeit war nicht mit einer Berufstätigkeit gleich-zusetzen."[40] Vielmehr handelte es sich hier um jedwede Tätigkeit, die auf die Erzielung von Einnahmen ausgerichtet war.[41] Dazu gehörten unter anderem auch die Tätigkeit im Betrieb des Ehegatten, die Aufnahme eines 400 €-Jobs sowie Heimarbeit. Hingegen reichte die Erzielung aus Einkünften aus Vermietung und Verpachtung, Kapitalvermögen und/oder Renten nicht aus.[42] Wurde die Erwerbs-tätigkeit unterbrochen, z.B. wegen Arbeitslosigkeit, so konnten Kinderbetreuungs-kosten unter Umständen für einen Zeitraum von bis zu vier Monaten weiter berücksichtigt werden. Gleiches galt für die Unterbrechung der Ausbildung und für Urlaubszeiten.[43] In Ausbildung befand sich ein Steuerpflichtiger immer dann, wenn er sein Berufsziel noch nicht erreicht hatte, sich jedoch ernsthaft darauf vorbereitete.[44] Im Falle einer Erkrankung musste diese für einen zusammen-hängenden Zeitraum von mindestens drei Monaten bestanden haben, Ausnahme war hier: Wenn die Krankheit unmittelbar im Anschluss an eine Erwerbstätigkeit oder Ausbildung eintrat.[45] Bei einer Behinderung des Steuerpflichtigen war der Grad der Behinderung (GdB) unerheblich, einen kausalen Zusammenhang zwischen Kinderbetreuungskosten und Behinderung galt es nicht zu überprüfen.[46] Waren die entsprechenden Voraussetzungen erfüllt, so konnte der Steuerpflichtige

---

[38] § 33c (1) bzw. (2) EStG (2005).
[39] § 33c (1) S. 1 EStG (2005).
[40] Hillmoth, B. (2006), Rz. 19.
[41] Vgl. BFH 16.05.1975.
[42] Vgl. Hillmoth, B. (2006), Rz. 19.
[43] R 33c (3) EStR (2005).
[44] BFH v. 09.06.1999.
[45] § 33c (1) S. 4 EStG (2005).
[46] Vgl. Hillmoth, B. (2006), Rz. 33.

entsprechend der oben genannten Beträge Kinderbetreuungskosten bei der Einkommensteuer geltend machen. Gemäß H 33c EStH 2005 waren die nachfolgenden Kosten in Geld oder Geldeswert (Kost, Wohnung, sonstige Dienstleistungen) als Kinderbetreuungskosten abzugsfähig:

- Kosten für die Unterbringung in Kindergärten, Kindertagesstätten, Kinderhorten, Kinderheimen und Kinderkrippen,
- Kosten für Tagesmütter, Wochenendmütter und Ganztagspflegestellen sowie Babysitter,
- Kosten für die Beschäftigung von Kinderpflegerinnen, Erzieherinnen und Kinderschwestern, von Hausgehilfinnen oder Haushaltshilfen, soweit diese Kinder betreuen und/oder
- die Beaufsichtigung des Kindes bei der Erledigung der häuslichen Schulaufgaben[47].

Nicht abziehbar dagegen waren:

- „Aufwendungen für Sachleistungen, die neben der Betreuung erbracht wurden (z. B. Verpflegung des Kinder in einer Tagesstätte)[48],
- Nebenkosten, die nicht unmittelbar der Betreuung dienten[49] sowie
- Aufwendungen für eine Lebenspartnerin bzw. die Mutter, die im Haushalt des Steuerpflichtigen lebten[50]."[51]

Grundsätzlich ausgeschlossen waren auch die Kosten, die für „Unterricht, der zur Vermittlung besonderer Fähigkeiten, sportlichen und anderen Freizeitaktivitäten" geleistet wurden.[52] Zu Ungerechtigkeiten bei der Berücksichtigung der Kinderbetreuungskosten, kam es bei Eltern, die zwar zusammen lebten, jedoch nicht verheiratet waren. Trug hier ein Elternteil die Kosten alleine, so wurden die Kosten zwar erst ab einer Höhe von 1.548 € berücksichtigt, da es sich aber um eine Einzelveranlagung handelte nur bis zu einer Höhe von 750 € über das Mindestmaß hinaus. Bei einer Zusammenveranlagung hingegen sind die Kosten bis zur einer Höhe von 1.500 € abzugsfähig gewesen.

---

[47] Vgl. BFH v. 17.11.1978.
[48] Vgl. BFH v. 28.11.1986.
[49] Vgl. BFH v. 29.08.1986.
[50] Vgl. BFH v. 06.11.1997.
[51] H 33c EStH (2005).
[52] § 33c (1) S. 5 EStG (2005).

c) § 35a EStG – Steuermäßigung bei Aufwendungen für haushaltsnahe Beschäftigungsverhältnisse und für die Inanspruchnahme haushaltsnaher Dienstleistungen

Eine weitere Abzugsmöglichkeit für, durch das Kind bedingte, Kosten, war die Steuerermäßigung nach § 35a EStG. Die Vorschrift besagte, dass die tarifliche Einkommensteuer um Kosten für haushaltsnahe Beschäftigungsverhältnisse, die in einem inländischen Haushalt des Steuerpflichtigen ausgeübt wurden, bis 10%, maximal 510 €, bei einer geringfügigen Beschäftigung bzw. 12%, maximal 2.400 € bei einem sozialversicherungspflichtigen Beschäftigungsverhältnis, ermäßigte.[53] Der Abzug hiernach war jedoch nur dann möglich, wenn es sich nicht schon um Betriebsausgaben oder Werbungskosten handelte und nur sofern diese Kosten nicht schon als außergewöhnliche Belastungen berücksichtigt wurden.[54]

d) Verfassungswidrigkeit des § 33c EStG – Beschluss des Bundesverfassungsgerichtes vom 16. März 2005

Bereits seit den 50er Jahren waren Kinderbetreuungskosten immer wieder Anlass, sich vor Gericht wiederzufinden. Oftmals waren es verfassungsrechtliche Bedenken, die vorgetragen und in den meisten Fällen auch als begründet beurteilt wurden. 1950/56 waren Kosten für Haushaltsgehilfinnen und somit erwerbsbedingte Kinderbetreuungskosten, abzugsfähig, wenn die Eltern mindestens zwei Kinder hatten und beide erwerbstätig waren (bei Ehegatten) bzw. mindestens einer der Elternteile (bei Unverheirateten) erwerbstätig war. Das Bundesverfassungsgericht sah hier einen Verstoß gegen Art. 3 (1) GG. Die Festlegung einer Mindestkinderzahl sei kein sachlicher Differenzierungsgrund.[55] Nach dem Urteil waren die Kosten bereits ab dem ersten Kind abziehbar. In den 80er Jahren wurde der Abzug von Kinderbetreuungskosten auch außerhalb des eigenen Haushaltes ermöglicht,[56] aber auch hier scheiterte das Gesetz an seiner Verfassungsmäßigkeit. Die Folge war die Abschaffung des bis dato ansetzbaren Kinderbetreuungsfreibetrages. Als Ausgleich wurde der bis heute geltende Kinderfreibetrag eingeführt. Mitte der 80er Jahre wurde erneut gegen § 33c EStG geklagt. Der Wortlaut des Gesetzes ermöglichte Alleinerziehenden den Abzug von Kinderbetreuungskosten, auch wenn sie mit ihrem Lebenspartner zusammen

---

[53] § 35a EStG (2005).
[54] § 35a (1) EStG (2005).
[55] Vgl. Jachmann, M. (2010), S. 22.
[56] StÄndG v. 30.11.1978.

lebten. Für Ehegatten war der Abzug nicht möglich. Auch hier entschied das Verfassungsgericht zu Gunsten der Eltern.[57]

Im Streitjahr 2005 beschloss das Bundesverfassungsgericht schließlich, dass § 33c EStG in der Fassung von 1997 bezüglich der Anrechnung einer zumutbaren Belastung nach § 33 EStG verfassungswidrig sei. Im Anschluss an das Verfahren vom 16. März 2005 wurde schließlich § 33c EStG in der Fassung von 2002 aufgehoben und eine baldige Änderung angestrebt. Dies führte zu einer großrahmigen Neuregelung der Kinderbetreuungskosten, die durch das Gesetz zur steuerlichen Förderung von Wachstum und Beschäftigung am 26. April 2006 in Kraft trat.[58]

III. Neugestaltung der Kinderbetreuungskosten ab dem VZ 2006

a) Gesetz zur steuerlichen Förderung von Wachstum und Beschäftigung vom 26. April 2006

Da das Bundesverfassungsgericht mit Beschluss vom 16. März 2005 die Verfassungswidrigkeit des § 33c EStG von 1997 feststellte, wurde der Gesetzgeber gezwungen, eine Änderung der Abzugsfähigkeit von Kinderbetreuungskosten in Betracht zu ziehen. Um nicht erneut einer Verfassungsklage zu erliegen, beschloss die Regierung eine vollkommene Neuregelung der Kinderbetreuungskosten. Um allem gerecht zu werden, wurde am 26. April 2006 das Gesetz zur steuerlichen Förderung von Wachstum und Beschäftigung beschlossen. Am 05. Mai 2006 wurde das vorgenannte Gesetz verkündet. Nach diesem Gesetz wurde, neben anderen steuerlichen Sachverhalten, die Abziehbarkeit von Kinderbetreuungskosten vollständig neu geregelt und der bis dato gültige § 33c EStG aufgehoben. Das Gesetz sah den Abzug von Kinderbetreuungskosten auf vier verschiedene Arten vor. Zum einen, was vollkommen neu war, der Abzug der Aufwendungen „wie" Werbungskosten (§ 9 (5) EStG) bzw. Betriebsausgaben (§ 4f EStG) sowie zwei unterschiedliche Tatbestandsmerkmale zum Abzug als Sonderausgaben (§ 10 (1) Nr. 5 bzw. 8 EStG). Der unter Umständen mögliche Abzug als Steuerermäßigung im Sinne des § 35a EStG blieb dabei unberührt.

---

[57] Vgl. BVerfG v. 10.11.1998.
[58] Vgl. BVerfG v. 16.03.2005.

1. Aus §33c werden die §§ 4f, 9(5), 9a und § 10 (1) Nr. 5 und 8 EStG

Da § 33c EStG durch das Gesetz zur steuerlichen Förderung von Wachstum und Beschäftigung gänzlich aufgehoben wurde, auch um eine deutliche Abgrenzung zur vorherigen Regelung zu erwirken, wurden Kinderbetreuungskosten nach der Art ihres Abzuges im Gesetz verteilt. Dabei wurde für die Gewinneinkünfte ein Abzug als Betriebsausgaben nach § 4f EStG vorgesehen, für nichtselbstständige Arbeit im Sinne des § 19 EStG ein Abzug wie Werbungskosten nach § 9 (5) i.V.m. § 4f EStG bzw. bei geringeren Aufwendungen als 920 € die Inanspruchnahme des Arbeitnehmerpauschbetrages nach § 9a Nr. 1a EStG und für alle übrigen Betroffenen ein Abzug als Sonderausgaben nach § 10 EStG.[59] Der Grundsatz der Kinderbetreuungskosten war dabei im § 4f EStG geregelt, sowohl § 9 (5) EStG als auch § 9a EStG verwiesen gleichermaßen auf diesen Paragrafen.

2. Voraussetzungen für den Abzug von Kinderbetreuungskosten

Das Einkommensteuergesetz ab dem Veranlagungszeitraum 2006 sah einen Abzug der Kinderbetreuungskosten grundsätzlich unter verschiedenen Aspekten vor. Zum einem musste grundsätzlich, wie bereits in Kapitel I erläutert, mindestens ein Kind im Sinne des § 32 (1) EStG zum Haushalt des Steuerpflichtigen gehören. Ein weiterer Aspekt war das Alter des Kindes. Hier gab es drei Varianten:

Zum einen waren Aufwendungen für die Kinderbetreuung zwischen dem dritten und sechsten Lebensjahres des Kindes ohne weitere Voraussetzungen absetzbar, sofern es sich hierbei nicht um Betriebsausgaben oder Werbungskosten handelte.[60] Die zweite Altersschwelle waren Kinder, die das 14. Lebensjahr bzw. bei geistig, seelisch oder körperlich behinderten Kindern, das 27. Lebensjahr noch nicht vollendet hatten. Ebenfalls berücksichtigt wurden Kosten für Kinder über 14 Jahren, wenn es sich bei deren Betreuung um ein geringfügiges oder sozialversicherungspflichtiges Beschäftigungsverhältnis oder eine haushaltsnahe Dienstleistung handelte. Lagen diese Voraussetzungen vor, so musste unter anderem noch mindestens einer der nachfolgenden Gründe beim Alleinerziehenden oder beim zusammenlebenden Elternpaar selbst vorliegen, damit ein Abzug entweder nach §§ 4f, 9 (5), 9a EStG oder § 10 (1) Nr. 8 EStG möglich war:

- Erwerbstätigkeit,
- Ausbildung,

---

[59] Vgl. WachsBeschStFördG v. 26.04.2006.
[60] § 10 (1) Nr. 5 EStG (2006ff).

- Krankheit
- oder Behinderung.

Dabei galt für die Eltern das gleiche Prinzip wie für die Kinder. Als erwerbstätig galt immer derjenige, der einer Tätigkeit im Sinne der Gewinneinkünfte und/oder nicht-selbstständiger Arbeit nachging, die den Einsatz der personlichen Arbeitskraft erforderte.[61] Dabei galt eine Erwerbstätigkeit mit einem wöchentlichen Stunden-umfang von mindestens 10 Stunden als ausreichend, um eine Betreuung des Kindes zu rechtfertigen.[62] Als in Ausbildung befindlich, galten Eltern immer dann, wenn sie einer anerkannten Ausbildung nachgingen, bzw. eine allgemeinbildende Schule oder eine Hochschule besuchten. Der Zusammenhang mit einer späteren Tätigkeit musste auch hier gegeben sein. War ein (oder waren beide) Elternteil(e) seelisch, geistig oder körperlich behindert, so musste auch hier ein geeigneter Nachweis, z.b. der Bescheid über den Grad der Behinderung, erbracht werden. Im Falle von Krankheit galt eine Besonderheit: Wollte man Kinderbetreuungskosten aufgrund von Krankheit geltend machen, so musste die Krankheit mindestens 3 Monate zusammenhängend bestanden haben, „es sei denn, der Krankheitsfall trat unmittelbar im Anschluss an eine Erwerbstätigkeit oder Ausbildung ein."[63]

Für zusammenveranlagte Ehegatten galt, dass mindestens eine der Voraus-setzungen bei beiden Elternteilen vorliegen musste. Lag bei einem Elternteil weder eine Erwerbstätigkeit vor, noch befand er sich in Ausbildung, war krank oder seelisch, geistig oder körperlich behindert, war nur ein Abzug von Kinderbetreuungskosten nach § 10 (1) Nr. 5 EStG möglich oder im Falle einer angestellten Haushaltshilfe ggf. der Abzug als Steuerermäßigung im Sinne des § 35a EStG, also ein Abzug als Sonderausgaben für die Zeit des Kindesalters zwischen dem dritten und sechsten Lebensjahr.[64]

3. Abzugsmöglichkeiten und -beschränkungen

Betrachtet man die vorgenannten Voraussetzungen, so ergeben sich hierdurch 16 (6 für Alleinerziehende und 10 für zusammenlebende Eltern) verschiedene Möglichkeiten des Abzuges, untergliedert in 5 verschiedene Gruppen. Die Aufteilung der Gruppen wird in der unten stehenden Tabelle veranschaulicht, ein Schaubild über die Art und den Umfang des Abzuges folgt auf der darauffolgenden

---

[61] Vgl. Hillmoth, B. (2009), S. 177 Rz. 876.
[62] Vgl. Hillmoth, B. (2009), S. 177 Rz. 877.
[63] § 10 (1) Nr. 8 EStG (2006ff).
[64] § 10 (1) Nr. 5 EStG (2006ff) sowie § 35a EStG (2006ff).

Seite. Weitere Erläuterungen und Erklärungen erfolgen dann ausführlich ab Seite 20 dieser Arbeit. Dort werden die Abzugsmöglichkeiten und -beschränkungen anhand der fünf Gruppen ausformuliert.

Tabelle 1: Aufteilung der Steuerpflichtigen nach Alter des Kindes und der Berücksichtigungsgründe im Sinne der §§ 4f, 9 (5), 10 (1) Nr. 5 und 8 EStG

Gruppe 1	Kind 0 zwischen 14 Jahre,behindertes Kind zwischen 14 und 25 Jahre	*Alleinerziehende* bzw. *zusammenlebende Eltern* sind erwerbstätig.
Gruppe 2	Kind 0 zwischen 14 Jahre, sowie behindertes Kind älter als 14 und jünger 25 Jahre	*Alleinerziehender* in Ausbildung, behindert oder krank,
		zusammenlebende Eltern sind beide in Ausbildung behindert oder krank **oder** ein Elternteil erwerbstätig, der andere in Ausbildung, krank oder behindert.
Gruppe 3	Kind ohne Behinderung über dem 14., jedoch vor dem 27. Lebensjahr	*Alleinerziehender* erwerbstätig, in Ausbildung oder krank,
		zusammenlebende Eltern sind beide erwerbstätig **oder** beide in Ausbildung, behindert oder krank **oder** ein Elternteil erwerbstätig, der andere in Ausbildung, behindert oder krank.
Gruppe 4	Kind zwischen 3 und 6 Jahren	*Alleinerziehender* weder erwerbstätig, noch in Ausbildung, behindert oder krank,
		zusammenlebende Eltern weder erwerbstätig, noch in Ausbildung, behindert oder krank **oder** ein Elternteil erwerbstätig, der andere nicht in Ausbildung, behindert oder krank und nicht erwerbstätig.
Gruppe 5	Kind jünger als 3 Jahre oder Kind älter als 6 Jahre	s. Gruppe 4

In Anlehnung an: DATEV Informationsdatenbank Dok.Nr. 5208110

Tabelle 2: Schaubild über die steuerliche Berücksichtigung von Kinderbetreuungskosten

Gruppe 1	Gruppe 2	Gruppe 3	Gruppe 4	Gruppe 5
→	→		→	
Abzug wie Betriebsausgaben/ Werbungskosten § 4f, § 9 (5), §9a EStG	Abzug als Sonderausgaben § 10 (1) Nr. 8 EStG	Steuerermäßigung nach § 35a EStG	Abzug als Sonderausgaben § 10 (1) Nr. 5 EStG	Steuerermäßigung nach § 35a EStG
→	→	→	→	→
2/3 der Aufwendungen, jedoch maximal 4.000 €	2/3 der Aufwendungen, jedoch maximal 4.000 €	10 % der Aufwendung, max. 510 € für geringfügig Beschäftigte **oder** 12 % der Aufwendungen, max. 2.400 € für sozialversicherungspflichtige Beschäftigungen **oder** 20 % der Aufwendungen, max. 600 € für haushaltsnahe Dienstleistungen	2/3 der Aufwendungen, jedoch maximal 4.000 €	10 % der Aufwendung, max. 510 € für geringfügig Beschäftigte **oder** 12 % der Aufwendungen, max. 2.400 € für sozialversicherungspflichtige Beschäftigungen **oder** 20 % der Aufwendungen, max. 600 € für haushaltsnahe Dienstleistungen

In Anlehnung an: DATEV Informationsdatenbank Dok.Nr. 5208110

Aus den vorhergehenden Tabellen ergeben sich somit die folgenden Konstellationen für die Berücksichtigung von Kinderbetreuungskosten:

Ein Abzug der Kinderbetreuungskosten wie Werbungskosten und/oder Betriebsausgaben nach den §§ 4f, 9 (5) sowie 9a EStG war immer dann möglich, wenn der Alleinerziehende oder die beiden zusammenlebende Eltern erwerbstätig waren und das zum Haushalt gehörende Kind das 14. Lebensjahr (bei behinderten Kindern: das 27. Lebensjahr) noch nicht vollendet hatte. Der Abzug erfolgte somit im Rahmen der Einkünfteermittlung, sei es bei der Einnahmen-Überschuss-Rechnung, dem Betriebsvermögensvergleich oder bei der Ermittlung des Überschusses oder Verlustes bei der Gegenüberstellung von Einnahmen und Werbungskosten. Möglich war der Abzug in einer Höhe von 2/3 der Aufwendungen, jedoch max. 4.000 €. Somit wurden steuerlich maximal 6.000 € berücksichtigt. Konnten die Kinderbetreuungskosten wie Betriebsausgaben oder Werbungskosten abgezogen werden, bestand weiterhin die Möglichkeit, einen Verlust durch die Kosten zu erwirtschaften. Dieser Verlust wurde dann zunächst mit den anderen Einkünften bei der Feststellung des Gesamtbetrages der Einkünfte berücksichtigt, oder, sofern diese Möglichkeit nicht bestand, wurde ein Verlustrück- oder -vortrag nach § 10d EStG in Höhe des Verlustes vorgenommen. Lagen nur Einkünfte aus nichtselbstständiger Tätigkeit vor und überstiegen die Werbungskosten den Arbeitnehmerpauschbetrag von 920 € (später: 1.000 €) nicht, so wurden die Kosten gesondert neben dem Pauschbetrag berücksichtigt.[65] Ein Gewerbetreibender nach § 15 EStG sparte durch das Ansetzen der Kinderbetreuungskosten als Betriebsausgaben sogar neben der Einkommensteuer noch zusätzliche die mögliche Gewerbesteuer (Minderung des Gewerbeertrages nach § 7 GewStG). Wurde in bestimmten Berufsgruppen (§ 18 EStG) nur die mögliche Betriebsausgabenpauschale geltend gemacht, so konnte der Steuerpflichtige, wie auch der Arbeitnehmer, die Betreuungskosten neben der Pauschale ansetzen.[66]

Lag keine Erwerbstätigkeit (oder bei zusammenlebenden Eltern: nur bei einem Elternteil) vor, aber der Alleinerziehende oder die zusammenlebenden Eltern waren krank, in Ausbildung oder behindert und das zum Haushalt gehörende Kind hatte das 14. Lebensjahr (bzw. das 27. Lebensjahr bei behinderten Kindern) noch nicht vollendet, erfolgte ebenfalls ein Abzug in Höhe von 2/3 der Aufwendungen, jedoch maximal 4.000 €.[67] Da der Abzug im Rahmen der Sonderausgaben erfolgte, konnte

---

[65] § 9a (1) S. 1 EStG (2006ff).
[66] H 18.2 EStH (2005).
[67] § 10 (1) Nr. 8 EStG (2006ff).

zwar das Einkommen negativ werden, jedoch „verfiel" der Negativbetrag nach Festsetzung der Steuer. Ein Verlustvortrag im Sinne des § 10d EStG kam bei diesem Abzug somit nicht in Betracht.

Alleinerziehende bzw. zusammenlebende Eltern hatten ebenfalls die Möglichkeit, Kinderbetreuungskosten im Rahmen der Sonderausgaben abzuziehen, wenn sie weder erwerbstätig, krank, in Ausbildung oder behindert waren oder nur ein Elternteil erwerbstätig war und beim anderen keine der Voraussetzungen vorlag und das zum Haushalt gehörende Kind das 3. Lebensjahr, jedoch noch nicht das 6. Lebensjahr, vollendet hatte. Der Abzug erfolgte dann, wie in den anderen Fällen, in Höhe von 2/3 der Aufwendungen (max. 4000 €) jedoch hier nach § 10 (1) Nr. 5 EStG.[68]

Erfolgte ein Abzug weder wie Betriebsausgaben und/oder Werbungskosten oder als Sonderausgaben, war unter Umständen die Möglichkeit gegeben, einen Teil der Kosten als Steuerermäßigung nach § 35a EStG geltend zu machen. Diese Option war jedoch stets nachrangig. Der Ansatz als haushaltsnahes Beschäftigungsverhältnis wirkte sich unmittelbar auf die festgesetzte Einkommensteuer aus. Dabei waren bei geringfügig Beschäftigten (Minijobs) 10% der Aufwendungen, max. 510 €, bei sozialversicherungspflichtigen Beschäftigungen 12% der Aufwendungen, maximal 2.400 € und bei haushaltsnahen Dienstleistungen 20%, maximal 600 € abzugsfähig.[69] Um die Kosten ansetzen zu können, musste ein Alleinerziehender erwerbstätig, in Ausbildung oder krank sein oder bei zusammenlebenden Eltern mussten beide erwerbstätig, beide in Ausbildung, krank oder behindert bzw. einer erwerbstätig, der andere in Ausbildung, behindert oder krank sein und die zum Haushalt gehörenden Kinder mussten über 14 Jahre alt sein und durften das 27. (später das 25.) Lebensjahr noch nicht vollendet haben. Die zweite Möglichkeit bestand, wenn keine der Voraussetzungen bei einem Alleinerziehenden oder bei den Elternteilen vorlagen oder nur ein Elternteil erwerbstätig war und der andere die Voraussetzungen nicht erfüllte (also die klassische Alleinverdiener-Familie) und die Kinder unter 3 Jahren oder über 6 Jahren alt waren.

Beispiel: Ein verheiratetes Ehepaar hat zwei Kinder, Kind 1 ist 4 Jahre alt und geht in den Kindergarten, der Beitrag beträgt 75 € monatlich, Kind 2 ist 2 Jahre alt und wird einmal die Woche durch eine Tagesmutter zu Hause betreut. Die Betreuung durch die Tagesmutter kostet 150 € (inklusive der pauschalen Sozialversicherungs-

---

[68] § 10 (1) Nr. 5 EStG (2006ff).
[69] § 35a EStG (2006ff).

beiträge) im Monat und die Tagesmutter wird von der Familie in einem geringfügigen Beschäftigungsverhältnis angestellt. Der Vater ist berufstätig, die Mutter ist Hausfrau und ist weder krank noch behindert. Es ergeben sich für das Ehepaar die folgenden Abzugsmöglichkeiten: Der Kindergartenbeitrag für Kind 1 von jährlich 900 € ist als Sonderausgaben nach § 10 (1) Nr. 5 EStG in Höhe von 2/3 der Aufwendungen (=600 €) abzugsfähig, die Kosten für die Tagesmutter sind nicht wie Betriebsausgaben oder Werbungskosten ansetzbar, da die Mutter Hausfrau ist und das Kind nicht zwischen 3 und 6 Jahren alt ist. Jedoch ist ein Ansatz als Steuerermäßigung nach § 35a EStG in Höhe von 10% der gesamten Aufwendungen (= 180 €) möglich.[70]

Aus den vorhergegangen Ausführungen ergibt sich für den Abzug von Kinderbetreuungskosten somit die folgende Berücksichtigungsreihenfolge: Kinderbetreuungskosten waren vorrangig wie Betriebsausgaben oder Werbungskosten abzuziehen. Lagen die Voraussetzungen hierfür nicht vor, erfolgte unter Umständen ein Abzug als Sonderausgaben. Lagen auch hierfür nicht die notwendigen Voraussetzungen vor, galt es zu prüfen, ob ein Abzug als außergewöhnliche Belastungen nach § 33a EStG oder als Steuerermäßigung nach § 35a EStG möglich war. Diese Reihenfolge war bindend. Hatte man beispielsweise eine Haushaltshilfe in einem sozialversicherungspflichtigen Beschäftigungsverhältnis eingestellt, die sich mit um die Betreuung der Kinder kümmerte und bei den Schulaufgaben half, und waren die Eltern erwerbstätig, erfolgte zunächst ein Abzug als Betriebsausgaben oder Werbungskosten. Die Kosten, die nicht im Zusammenhang mit der Kinderbetreuung standen, wurden so zu Kosten, die im Rahmen der Steuerermäßigung nach § 35a EStG absetzbar waren. Eine Aufteilung war also zwingend erforderlich.

4. Arten von Kinderbetreuungskosten sowie nicht begünstige Kosten

Als Kinderbetreuungskosten konnten grundsätzlich alle Aufwendungen in Geld oder Geldeswert (Unterbringung, Betreuung, u.ä.), angesetzt werden, die eine behütende oder beaufsichtigende Betreuung der Kinder darstellten.[71] „Die persönliche Fürsorge für das Kind musste Kern der Dienstleistung sein."[72] Dies galt

---

[70] Vgl. Hillmoth, B. (2009), S. 191 Rz. 956.
[71] Vgl. Votsmeier, V. (2007), S. 72.
[72] Votsmeier, V. (2007), S. 72.

unabhängig davon wo die Betreuung stattfand oder ob die Betreuung im Rahmen eines Arbeitsverhältnisses erfolgte. Mit Datum vom 19.01.2007 veröffentlichte das Bundesministerium der Finanzen ein Anwendungsschreiben bezüglich der Anwendbarkeit der §§ 4f, 9 (5), 9a sowie 10 (1) Nr. 5 und 8 EStG. Nach diesem Schreiben waren die folgenden Aufwendungen als Kinderbetreuungskosten ansetzbar:

- Die Unterbringung von Kindern in Kindergärten, Kindertagesstätten, Kinderhorten, Kinderheimen und Kinderkrippen sowie bei Tagesmüttern, Wochenmüttern und in Ganztagspflegestellen,
- die Beschäftigung von Kinderpflegerinnen, Erzieherinnen und Kinderschwestern,
- die Beschäftigung von Hilfen im Haushalt, soweit sie Kinder betreuen und
- die Beaufsichtigung des Kindes bei der Erledigung seiner häuslichen Schulaufgaben (Urteil des BFH vom 17.11.1978, BStBl II 1979 S. 142).[73]

Da die Kinderbetreuung unabhängig von einem Arbeits- oder Dienstverhältnis war, konnte eine Betreuung auch unentgeltlich erfolgen. Dabei war es gestattet, einen Auslagenersatz (z.B. Fahrtkosten) zu zahlen und diesen ebenfalls als Betreuungskosten steuerlich geltend zu machen. Die Betreuung durch Angehörige gestaltete sich etwas schwieriger als die Betreuung durch fremde Dritte. Eltern mussten mit den Angehörigen, z.B. den Großeltern, klare und eindeutige Verträge bzw. Vereinbarungen treffen, die zivilrechtlich wirksam waren und einem Drittvergleich standhielten.[74] Entscheidend aber war, dass die vereinbarten Betreuungsleistungen durch die Angehörigen auch tatsächlich durchgeführt wurden. Gezahlte Entgelte an ein Elternteil, der einen Anspruch auf Kindergeld oder den Freibetrag im Sinne des § 32 (6) EStG hatte, konnten jedoch nicht berücksichtigt werden. Somit konnte auch die Reduktion der Arbeitszeit und der damit verbundene Gehaltsausfall aufgrund der Betreuung des Kindes nicht steuerlich berücksichtigt werden. Das gleiche galt für eine eheähnliche Lebensgemeinschaft oder eine Lebenspartnerschaft zwischen dem Ehepartner und der Betreuungsperson.[75] Hingegen konnte die Betreuung durch ein Geschwisterkind bei entsprechender Vereinbarung angesetzt werden. Somit waren auch nur gelegentliche Aufwendungen für z.B. einen Babysitter stets zu berücksichtigen.[76]

---

[73] Vgl. BMF v. 19.01.2007.
[74] Vgl. Hillmoth, B. (2009), S. 183 Rz. 911.
[75] Vgl. Hillmoth, B (2009), S. 183 Rz. 912f.
[76] Vgl. Mücke, A. (2007), S. 17.

Besonderheiten bei der Berücksichtigung gab es bei gemischt veranlassten Kosten. So musste z.B. bei der Aufnahme eines Au-pairs klar nachgewiesen werden, welche Kosten auf die Kinderbetreuung entfielen und welche zu den anderen Aufgaben des Au-pairs gehörten. Eine vorherige klare und schriftliche Vereinbarung, wann welche Tätigkeit ausgeführt werden sollte, z.B. durch einen Wochenaufgabenplan, und welche Kosten darauf entfielen, konnte hier Abhilfe schaffen. War die Kostenaufteilung nicht ohne weiteres möglich, musste ggf. eine Aufteilung im Schätzungswege vorgenommen werden.[77] Ebenfalls aufgeteilt werden mussten eventuelle Elternbeiträge für eine Nachmittagsbetreuung in der Schule. Wurden hier nicht nur die Schulaufgaben beaufsichtigt, sondern erfolgten auch Nachhilfe oder sonstige Kurse, wie z.B. eine Garten-AG oder ähnliches, musste hier eine klare Aufschlüsselung der Beiträge erfolgen. Somit waren die folgenden Kosten von vorne herein nicht als Kinderbetreuungskosten abzugsfähig:

- Aufwendungen für Unterricht (z.B. Schulgeld, Nachhilfe, Fremdsprachen-unterricht)
- Aufwendungen für die Vermittlung besonderer Fähigkeiten (z.B. Musik-unterricht, Computerkurse, u.ä.)
- sowie alle Aufwendungen für sportliche und andere Freizeitbetätigungen (Mitgliedschaften in Vereinen, Tennisunterricht, Reitunterricht, etc.).[78]

Auch die Verpflegung der Kinder oder die Anschaffung von Gegenständen (z.B. Computer) konnten nicht berücksichtigt werden.[79] Bei beschränkter Einkommensteuerpflicht verfiel die Berücksichtigung von Kinderbetreuungskosten vollends.[80]

5. Formelle Voraussetzungen/Nachweise

Waren die grundlegenden Voraussetzungen erfüllt, galt es für die Anerkennung der Kinderbetreuungskosten durch das Finanzamt noch die formellen Voraussetzungen zu erfüllen. Die entstandenen Aufwendungen waren durch Rechnungen und, bei Geldleistungen, durch die Zahlung auf das Konto des Erbringers nachzuweisen. Barzahlungen und Barschecks konnten nicht anerkannt werden.[81] Bei den Rechnungen musste es sich nicht um eine Rechnung im Sinne des § 14 UStG

---

[77] Vgl. BMF v. 19.01.2007.
[78] Ebd.
[79] Vgl. BFH v. 28.11.1986.
[80] § 50 (1) S. 4 EStG (2006ff).
[81] Vgl. Hillmoth, B. (2009), S. 187 Rz. 930.

handeln. Bis 2008 bestand grundsätzlich eine Vorlagepflicht der Rechnungen und Zahlungsnachweise. Auf die Verpflichtung wurde mit dem Jahressteuergesetz 2008 ab dem Veranlagungszeitraum 2008 verzichtet.[82] Das umfassende BMF-Schreiben vom 19.01.2007 gab auch Auskunft darüber, was einer Rechnung gleichzustellen war, da nicht für jede Betreuung eine Rechnung geschrieben werden konnte. Dabei waren bei sozialversicherungspflichtigen Beschäftigungsverhältnis und/oder Minijobs der zwischen Arbeitgeber und Arbeitnehmer geschlossene Vertrag, bei Au-pairs, der entsprechende Vertrag mit dem darin ausgewiesenen Aufwand für die Betreuung der Kinder sowie bei der Betreuung in einem Kindergarten oder Hort, einer Kindertagesstätte, o.ä. der Gebührenbescheid des öffentlichen Trägers einzureichen.[83]

Zudem wurden Quittungen anerkannt, auf denen z.B. Nebenkosten der Betreuung aufgeführt wurden. Es mussten jedoch genaue Angaben zur Art und Höhe der Nebenkosten angegeben werden.[84] Wurden Verträge geschlossen oder Rechnungen geschrieben, galt es die Nebenkosten zwingend in den Verträgen oder auf der Rechnung aufzuführen. In diesen Fällen reichte eine Quittung über die Nebenkosten nicht aus.

6. Abzug aufgrund einer Erwerbstätigkeit – Besonderheiten

Wie bereits vorher geklärt, lag eine Erwerbstätigkeit immer dann vor, wenn der Steuerpflichtige einer Tätigkeit nachging, die auf die Erzielung von Einkünften gerichtet war und die den Einsatz der persönlichen Arbeitskraft erforderte.[85] In diesen Fällen erfolgte stets ein Abzug der Kinderbetreuungskosten wie Betriebs-ausgaben oder Werbungskosten. Der § 4f EStG unterstellte bei Einkünften aus Land- und Forstwirtschaft, aus Gewerbebetrieb sowie bei selbstständiger Tätigkeit grundsätzlich eine Erwerbstätigkeit. Ebenso wurde bei den Einkünften aus nichtselbstständiger Arbeit grundsätzlich eine Erwerbstätigkeit angenommen. Wurden diese Erwerbstätigkeiten unterbrochen, z.B. durch Krankheit, Arbeits-losigkeit oder Urlaub, so konnten Kinderbetreuungskosten weiterhin wie Werbungs-kosten oder Betriebsausgaben behandelt werden, wenn der zusammenhängende Zeitraum eine Spanne von 4 Monaten nicht überstieg.[86] Dauerte die Unterbrechung länger als vier Monate, so wurden in diesem Zeitraum die Betreuungskosten gar

---

[82] Vgl. Hillmoth, B. (2009), S. 187 Rz. 931; JStG 2008 v. 20.12.2007.
[83] Vgl. BMF v. 19.01.2007.
[84] Vgl. Hillmoth, B. (2009), S. 187 Rz. 934.
[85] Vgl. BFH v. 16.05.1975.
[86] Vgl. BMF v. 19.01.2007.

nicht oder nur bei Erfüllung der entsprechenden Voraussetzungen als Sonder-ausgaben, außergewöhnliche Belastungen oder als Steuerermäßigung nach § 35a EStG abgezogen. Dies konnte unter Umständen zu Nachteilen für den Steuerpflichtigen führen.

Beispiel: Der Steuerpflichtige X ist alleinerziehend und hat ein zweijähriges Kind. X erzielt Einkünfte aus Gewerbebetrieb, das Kind ist tagsüber in einer Kindertagesstätte untergebracht. X möchte mehr Zeit mit seinem Kind verbringen und schließt seinen Gewerbebetrieb vorübergehend für die nächsten 6 Monate. Solange X erwerbstätig war, konnte er die Kosten als Betriebsausgaben geltend machen. Mit dem 6-monatigen Urlaub überschreitet er den festgelegten Zeitraum von 4 Monaten. Da sein Kind jedoch erst 2 Jahre alt ist und er weder krank, in Ausbildung oder behindert ist, kommt in diesem Fall auch kein Ansatz der Kosten als Sonderausgaben in Betracht. X steht somit durch die Unterbrechung seiner Erwerbstätigkeit schlechter da.

Ebenfalls problematisch war der Ansatz von Kinderbetreuungskosten, wenn man lediglich Einkünfte aus Kapitalvermögen, aus Vermietung und Verpachtung oder sonstige Einkünften im Sinne des § 22 EStG erzielte. Hier wurde zunächst das Vorliegen einer Erwerbstätigkeit verneint. Das Gleiche galt für ein Studium außerhalb eines Ausbildungsverhältnisses, die Vermögensverwaltung und die Liebhaberei. Im Einzelfall hatte der Steuerpflichtige jedoch die Möglichkeit, Kinderbetreuungskosten geltend zu machen, wenn er glaubhaft darlegen konnte, dass seine Einkünfte aus Kapitalvermögen oder Vermietung und Verpachtung seine aktive Tätigkeit erforderten und die Kosten für die Kinderbetreuung aufgrund dessen unumgänglich waren.[87] Des Weiteren bestand bei Einkünften im Sinne des § 22 Nr. 3 EStG, also den Einkünften aus Vermittlungen und aus der Vermietung von beweglichen Gegenständen, ebenfalls die Möglichkeit, die angefallenen Kosten als erwerbsbedingt anzusetzen. Grundsätzlich ausgeschlossen war diese Option beim Bezug einer Rente.

Die Neuregelung der Kinderbetreuungskosten ab dem 01.01.2006 durch das Gesetz zur steuerlichen Förderung von Wachstum und Beschäftigung zeigte Steuerpflichtigen viele Möglichkeiten auf, ihre erwerbsbedingt entstandenen Kosten für die Betreuung der eigenen Kinder steuerlich geltend zu machen. Lag keine Erwerbstätigkeit vor, bestand weiterhin die Möglichkeit, im Falle von Krankheit, Ausbildung oder eigener Behinderung, die Kosten als Sonderausgaben geltend zu

---

[87] Vgl. Gunsenheimer, G. (2007), S. 480.

machen. Für Kinder zwischen dem dritten und sechsten Lebensjahr konnten die Kosten sogar ohne besondere Voraussetzungen bei den Eltern steuermindernd angesetzt werden. Hier gilt es vor allem anzumerken, dass durch einen Erlass der Senatsverwaltung für Finanzen in Berlin, die Gebühren für den Besuch einer Vorschulklasse grundsätzlich Kinderbetreuungskosten darstellen.[88] Darüber hinaus war unter Umständen noch ein Abzug als außergewöhnliche Belastung oder als Steuerermäßigung nach § 35a EStG möglich. Jedoch war durch die Fülle an neuen Paragrafen und deren verschiedene Platzierungen die Verwirrung groß. Sowohl Steuerpflichtige als auch die Behörden selber konnten die vom Bundesrat gewollte Zweckmäßigkeit und „administrative Handhabung" der Kinderbetreuungskosten, nicht feststellen.[89] Daher musste auch hier wieder ein Umdenken erfolgen. Der Weg für das „Gesetz zur Förderung von Familien und haushaltsnahen Dienstleistungen", das Familienleistungsgesetz, war geebnet.

b) Gesetz zur Förderung von Familien und haushaltsnahen Dienstleistungen vom 22. Dezember 2008 – Einführung des § 9c EStG

Nachdem mit Wirkung ab dem Veranlagungszeitraum 2007 das Berücksichtigungs-alter von Kindern vom 27. auf das 25. Lebensjahr herabgesenkt worden war, stand Ende 2008 erneut eine Änderung für die steuerliche Behandlung von Kindern an. Mit dem Gesetz zur Förderung von Familien und haushaltsnahen Dienstleistungen, kurz dem Familienleistungsgesetz (FamLeistG), wurde die umstrittene Fülle der Kinderbetreuungskosten-Paragrafen ab dem Veranlagungszeitraum 2009 zu einem einheitlichen § 9c EStG zusammengefasst. Der § 4f EStG sowie § 10 (1) Nr. 5 und 8 EStG wurden aufgehoben. Inhaltlich änderte der § 9c EStG nichts. Er sollte lediglich eine Zusammenfassung der vorherigen Normen darstellen, eine materiell-rechtliche Änderung war damit also nicht verbunden.[90] Da das FamLeistG für Familien weitere finanzielle Entlastungen bringen sollte, wurde neben der Neuordnung der Kinderbetreuungskosten zeitgleich der Kinderfreibetrag von 3.648 € auf 3.864 € erhöht. „Zusammen mit dem Freibetrag für Betreuungs- und Erziehungs- oder Ausbildungsbedarf in Höhe von 2.160 € wurden [damit] [...] Freibeträge für jedes Kind von insgesamt 6.024 € gewährt."[91] Ebenfalls wurde der

---

[88] Vgl. FSen Berlin v. 11.02.2008.
[89] Vgl. Dt. Bundestag v. 20.06.2006.
[90] Merker, C. (2009), S. 197.
[91] Merker, C. (2009), S. 196.

steuerliche Grundfreibetrag von seinerzeit 7.680 € auf 7.834 € erhöht. Kurzum waren im Rahmen des FamLeistG diverse Änderungen in Bezug auf Kinder erlassen worden, die den Familien weiter entgegen kamen.

Trotz alledem war auch 2009 für die Finanzgerichte wieder ein spannendes Jahr in Bezug auf die Verfassungswidrigkeit von Kinderbetreuungskosten. Zwar waren in der Zeit bis 2009 hauptsächlich Urteile mit Bezug auf die Altregelungen vor 2006, also dem § 33c EStG, gefallen, jedoch kamen nun auch die ersten Klagen betreffend der Neuregelungen. Das Finanzgericht Hamburg musste sich der Frage stellen, ob es verfassungskonform sei, Alleinverdiener-Familien den Abzug von Kinderbetreuungskosten zu verwehren, wenn ein Elternteil in Mutterschutz oder Elternzeit sei. Denn immerhin seien ja gerade die Zeiten der Schwangerschaft und des Mutterschutzes einem Krankheitsfall gleichzusetzen. Gleich gegen vier Artikel des Grundgesetzes sollten die Regelungen verstoßen, nämlich die Artikel 1, 3, 6 und 12 GG. Neben der Frage, ob Schwangerschaft und Mutterschutz eine Krankheit seien, wurde auch die Ungleichbehandlung derjenigen Arbeitnehmer dargelegt, die von ihren Arbeitnehmern steuerfreie Zuschüsse zu den Betreuungskosten erhielten. Denn diese Arbeitnehmer mussten keine besonderen Voraussetzungen erfüllen, während die Kläger zur Anerkennung der Betreuungskosten in der Einkommensteuererklärung eine Fülle von Tatbeständen erfüllen mussten. Das Finanzgericht Hamburg machte jedoch mit Gerichtsbescheid vom 23.10.2009 klar, dass die Neuregelungen der Kinderbetreuungskosten in keinster Weise verfassungswidrig seien. Die Klage wurde als unbegründet zurück gewiesen.[92] 2010 erfolgte erneut eine Anpassung des Kinderfreibetrages. Gleichzeitig erfolgte eine Anhebung des Grundfreibetrag von bis dato 7.680 € auf 8.004 € und eine Erhöhung des Arbeitnehmer-Pauschbetrages ab 2011 von 920 € auf 1.000 €. Die Anhebung des Grundfreibetrages führte gleichzeitig zur Anhebung der Einkommensgrenzen für Kinder. Auch hier waren ab sofort 8.004 € die ausschlaggebende Grenze, um ein Kind mit eigenen Einkünften unter Beachtung der sonstigen Voraussetzungen steuerlich geltend zu machen. 2010 schaffte der Gesetzgeber weiterhin die Möglichkeit, mehr Vorsorgeaufwendungen als bisher abzuziehen. Neben dem seit 2005 geförderten Abzug der Altersvorsorgebeiträge und der Steuerbefreiung der Beiträge zur privaten Altersvorsorge wurde ab 2010 die Berücksichtigung der sonstigen Vorsorgeaufwendungen weiter ausgebaut. Der Höchstbetrag wurde von 2.400 € auf 2.800 € angehoben. Für Personen, „die ganz

---

[92] Vgl. FG Hamburg v. 23.10.2009.

oder teilweise ohne eigene Aufwendungen einen Anspruch auf vollständige oder teilweise Erstattung von Krankheitskosten hatten"[93], wurde der Höchstbetrag von 1.500 € auf 1.900 € angehoben. Die Regelung sah vor, dass die Beiträge zur Basisversorgung der Kranken- und Pflegeversicherung voll abzugsfähig waren. Überstiegen diese Beiträge den Betrag von 1.900 € bzw. 2.800 € nicht, so konnten weiterhin Beiträge zu Haftpflicht-, Berufsunfähigkeits- und ähnlichen Versicherungen angesetzt werden. Durch die Eingrenzung der Krankenversicherung auf die reine Basisversorgung wurde auch eine Bevorzugung der in einer privaten Krankenversicherung befindlichen Steuerpflichtigen ausgeschlossen. Diese Anpassung hatte für die Berücksichtigung der eigenen Kinder jedoch nur wenige Auswirkungen, da das Bundesverfassungsgericht bereits 2005 entschieden hatte, dass die Arbeitnehmerbeiträge zur Sozialversicherung eines in Ausbildung befindlichen Kindes die Einkünfte des Kindes zu mindern haben.[94] Auch 2010 und 2011 waren die verfassungsrechtlichen Bedenken in Bezug auf die Kinderbetreuungskosten groß, den Gerichten wurde keine Pause gegönnt. Um allen weiteren Rechtsstreitigkeiten aus dem Weg zu gehen, erließ das Bundesministerium für Finanzen mit Datum vom 22.07.2010 einen koordinierten Ländererlass. In diesem Schreiben wurde bekannt gegeben, dass alle betroffenen Bescheide hinsichtlich der beschränkten Abzugsfähigkeit von Kinderbetreuungskosten ab dem Veranlagungszeitraum 2006 als vorläufig nach § 165 (1) AO zu ergehen hatten.[95] Letztendlich sah sich die schwarz-gelbe Regierung aus CDU und FDP Mitte 2011 gezwungen, erneut den Sachverhalt „Kinder im Steuerrecht" neu zu koordinieren.

c) Steuervereinfachungsgesetz 2011 vom 01.11.2011 – Erneute Neuregelung der Kinderbetreuungskosten und Abschaffung der Einkommensgrenzen für Kinder

Das Steuervereinfachungsgesetz des vorangegangen Jahres bringt eine umfassende Änderung der steuerlichen Berücksichtigung von Kindern ab dem Veranlagungszeitraum 2012. Da durch die vielen Abzugsmöglichkeiten von Kinderbetreuungskosten von recht hohen Steuereinbußen ausgegangen werden kann, wurde mit Datum vom 01.11.2011 das Steuervereinfachungsgesetz 2011 auf

---

[93] § 10 (4) EStG (2010).
[94] Vgl. BVerfG v. 11.01.2005.
[95] Vgl. BMF v. 22.07.2010.

den Weg gebracht. Dabei wurden die folgenden Änderungen veranlasst, die direkt oder indirekt Auswirkung auf die Behandlung von Kindern bei der Einkommensteuerveranlagung haben:

Der Abzug der Kinderbetreuungskosten nach § 9c EStG wird gestrichen. Anstelle der bisherigen Regelungen können ab 2012 Kinderbetreuungskosten nur noch als Sonderausgaben nach der neu gefassten Vorschrift des § 10 (1) Nr. 5 EStG abgezogen werden.[96] Wie bisher auch, müssen ab 2012 bestimmte Voraussetzungen erfüllt sein, um Kinderbetreuungskosten steuermindernd ansetzen zu können. Zum einen muss der Steuerpflichtige ein Kind im Sinne des § 32 (1) EStG haben, welches gleichzeitig zu seinem Haushalt gehört. Das Kind darf das 14. Lebensjahr noch nicht vollendet haben. Bei körperlicher, geistiger oder seelischer Behinderung des Kindes erhöht sich die Altersgrenze auf das 25. Lebensjahr. Dabei gilt zu beachten, dass die Behinderung vor der Vollendung des 25. Lebensjahres eingetreten sein muss und das Kind muss aufgrund seiner Behinderung außerstande sein muss, sich selbst zu unterhalten.[97] Die Aufwendungen müssen mit Rechnung (oder einem vergleichbaren Schriftstück) nachgewiesen werden und auf das Konto des Erbringers geleistet werden. Weitere Voraussetzungen sind nicht mehr zu erfüllen. Das bedeutet, dass Kinderbetreuungskosten nun ohne besondere Tatbestandsmerkmale seitens der Eltern absetzbar sind. Es muss weder eine Erwerbstätigkeit vorliegen, noch muss man sich in Ausbildung befinden, krank oder behindert sein. Berücksichtigt werden alle Kosten, die auch bisher als Kinderbetreuungskosten anerkannt wurden. Die maximal berücksichtigungsfähigen Aufwendungen belaufen sich auf 6.000 €. Die Aufwendungen werden auf 2/3 gekürzt, so dass maximal 4.000 € als Sonderausgaben abgezogen werden können. Weiterhin nicht abzugsfähig bleiben die „Aufwendungen für Unterricht, für die Vermittlung von besonderen Fähigkeiten sowie für sportliche und andere Freizeitbetätigungen."[98] Ebenfalls gleich geblieben ist die Abzugsbeschränkung bei beschränkt steuerpflichtigen Kindern. In diesem Fall werden die Höchstbeträge unter Berücksichtigung der Verhältnisse im Wohnsitzstaat des Kindes gekürzt. Die neue Regelung bringt für Eltern sowohl Vor- als auch Nachteile. Grundsätzlich können ab 2012 mehr Familien die Kosten für die Kinderbetreuung ansetzen als bisher. Gerade für Alleinverdiener-Familien dürfte diese Gesetzesänderung eine deutliche Entlastung darstellen. Bisher konnten

---

[96] StVereinfG v. 01.11.2011.
[97] Ebd.
[98] Ebd.

diese Familien keine Kosten ansetzen, da meistens der daheim gebliebene Elternteil die Voraussetzungen des § 9c EStG nicht erfüllte. Allerdings bedeutet die Änderung auch, dass ein Abzug wie Betriebsausgaben oder Werbungskosten nicht mehr möglich ist. Ein Verlustrück- oder -vortrag ist ab 2012 nicht mehr möglich. Die zweite weitgreifende Änderung ist der Wegfall der Einkommensüberprüfung für Kinder über 18 Jahre im Rahmen des Familienleistungsausgleichs. Bisher durften die Einkünfte und Bezüge der Kinder beim Vorliegen der in § 32 (4) Nr. 1 - 2 EStG genannten Voraussetzungen einen Freibetrag von 8.004 € nicht übersteigen.[99]

Ab 2012 gilt diese Grenze nicht mehr. Kinder unter 21 Jahre, die arbeitssuchend gemeldet sind und Kinder unter 25 Jahren, die sich in Ausbildung oder in einer Übergangszeit von nicht mehr als 4 Monaten befinden, mangels Ausbildungsplatz keine Ausbildung beginnen oder fortsetzen können oder ein FSJ/FÖJ oder den Bundesfreiwilligendienst ableisten, werden unabhängig von ihren Einkünften weiterhin steuerlich bei den Eltern berücksichtigt. Dies gilt nicht, wenn das Kind bereits eine Erstausbildung oder ein Erststudium abgeschlossen hat. In diesen Fällen darf das Kind, um weiter bei den Eltern berücksichtigt zu werden, keiner Erwerbstätigkeit nachgehen. Dabei wird allerdings eine Erwerbstätigkeit mit einer Wochenarbeitszeit von unter 20 Stunden als unschädlich betrachtet. Ebenfalls unschädlich sind ein erneutes Ausbildungsverhältnis sowie eine geringfügige Beschäftigung im Sinne der §§ 8 und 8a SGB IV.[100] Gleiches gilt für den Anspruch auf Kindergeld. Auch hier fällt ab 2012 die Überprüfung der Einkünfte und Bezüge des Kindes weg.[101] Hier müssen die Einschränkungen nach Abschluss einer erstmaligen Berufsausbildung oder eines Erststudiums des Kindes ebenfalls beachtet werden.

Auch bei der Übertragung des Freibetrages für Betreuungs- und Erziehungs- oder Ausbildungsbedarf im Sinne des § 32 (6) EStG kommt es ab dem Veranlagungs-zeitraum 2012 zu Änderungen. Der einseitige Antrag des betreuenden Elternteils auf Übertragung des Freibetrages, ist zukünftig ausgeschlossen, „[...] sofern der barunterhaltspflichtige Elternteil Kinderbetreuungskosten trägt oder das Kind in einem nicht unwesentlichen Umfang betreut".[102]

Rückwirkend für den Veranlagungszeitraum 2011 wurde der Arbeitnehmer-Pauschbetrag nach § 9a (1) Nr. 1a EStG von 920 € auf 1.000 € angehoben. Dies

---

[99] Vgl. § 32 (4) EStG (2011).
[100] Vgl. StVereinfG v. 01.11.2011.
[101] Ebd.
[102] http://www.finanztip.de/recht/steuerrecht/kinder-im-steuerrecht.htm, Stand 17.01.2012.

wirkt sich indirekt auf die Berücksichtigung von Kindern aus, da die Erhöhung des Arbeitnehmer-Pauschbetrags bei der Überprüfung der Einkünfte des Kindes berücksichtigt wird. Befindet sich das Kind beispielsweise in Ausbildung und erhält dafür eine Ausbildungsvergütung, liegen bei dem Kind Einkünfte aus nichtselbstständiger Arbeit vor.[103] Sofern das Kind keine höheren Werbungskosten nachweisen kann, wird bei der Ermittlung der Einkünfte der Arbeitnehmer-Pauschbetrag berücksichtigt.[104]

Zusammenfassend formuliert, ergeben sich für die Veranlagungszeiträume ab 2012 durch das Steuervereinfachungsgesetz 2011 die folgenden Änderungen:

Die Kosten für die Betreuung von Kindern erfolgt nur noch im Rahmen des Sonderausgabenabzugs nach § 10 (1) Nr. 5 EStG. Die persönlichen Abzugsvoraussetzungen seitens der Eltern entfallen vollständig. Der Abzug ist gestattet, für Kinder im Sinne des § 32 (1) EStG, die zum Haushalt des Steuerpflichtigen gehören und das 14. Lebensjahr noch nicht vollendet haben. Bei Kindern mit einer körperlichen, geistigen oder seelischen Behinderung erhöht sich die Altersgrenze auf die Vollendung des 25. Lebensjahres, sofern das Kind außerstande ist, sich selbst zu unterhalten und die Behinderung noch vor Vollendung des 26. Lebensjahr eingetreten ist. Liegen diese Voraussetzungen vor, können Kinderbetreuungskosten mit 2/3 der Aufwendungen, jedoch maximal 4.000 €, steuermindernd berücksichtigt werden. Ansetzbar sind somit maximal 6.000 €. Zusätzlich zu den anderen Voraussetzungen müssen für die entstandenen Kosten Rechnungen oder vergleichbare Dokumente (Arbeitsverträge, Quittungen, etc.) vorliegen. Die Zahlungen haben stets als Überweisung auf das Konto des Erbringers zu erfolgen.

IV. Sonstige Steuervergünstigungen

Die vorherigen Seiten haben gezeigt, dass dem Thema „Kinder im Steuerrecht" eine große Bedeutung zukommt. Die Entwicklung der Kinderbetreuungskosten in den letzten Jahren unterstreicht diese These nochmals. Die neuen Regelungen ab dem Veranlagungszeitraum 2012 bieten nunmehr allen Eltern die Möglichkeit, die Kosten für die Betreuung ihrer Kinder steuerlich geltend zu machen. Neben den Kinderbetreuungskosten gibt es jedoch noch viele verschiedene Möglichkeiten, die eigenen Kinder steuermindernd zu berücksichtigen. Auf die wichtigsten

---

[103] § 19 EStG (2011ff).
[104] § 9a (1) Nr. 1a EStG (2011ff).

Vergünstigen und/oder Befreiungen wird nun auf den folgenden Seiten eingegangen. Hierzu zählen:

- Steuerbefreiungen bei Mutterschutz- und Elterngeld,
- Kinderfreibetrag und Freibetrag für den Betreuungs- und Erziehungs- oder Ausbildungsbedarf,
- Kindergeld,
- Steuerermäßigungen,
- außergewöhnliche Belastungen und
- der Entlastungsbetrag für Alleinerziehende.

a) **Steuerbefreiungen**

Grundsätzlich stellen die auf den nächsten Seiten vorgestellten Steuervergünstigungen für Kinder indirekt Steuerbefreiungen dar. Für Kinder selbst gibt es in diesem Sinne keine Steuerbefreiungen. Lediglich die Leistungen, die Eltern aufgrund ihrer Kinder erhalten, sind größtenteils von der Steuer befreit. Hierzu gehören nach § 3 EStG unter anderem das Mutterschaftsgeld, das Eltern- oder Erziehungsgeld, Kinderzuschüsse zu Rentenleistungen aus der deutschen Rentenversicherung oder Arbeitgeberzuschüsse zu den Kinderbetreuungskosten bei nicht schulpflichtigen Kindern (z.B. Erstattung des Kindergartenbeitrages). Das Mutterschaftsgeld und das Elterngeld unterliegen jedoch dem Progressionsvorbehalt nach § 32b EStG. In der Bundesrepublik Deutschland unterliegt die Einkommensteuer einem progressiven Steuertarif. Je höher das Einkommen, desto höher der Steuersatz. Erhält ein Steuerpflichtiger nun Leistungen wie das Elterngeld, die dem Progressionsvorbehalt unterliegen, werden diese Leistungen dem ermittelten „zu versteuernden Einkommen (zvE)" hinzugerechnet. Der daraus resultierende besondere Steuersatz wird dann auf das zvE ohne die grundsätzlich steuerfreien Leistungen angewandt.[105] Beim Mutterschaftsgeld handelt es sich um eine Leistung, die werdende Mütter für die Zeit ihres gesetzlich vorgeschriebenen Mutterschutzes erhalten. Der Mutterschutz kann 6 Wochen vor der Entbindung angetreten werden und gilt zwingend für die 8 Wochen (bei Früh- oder Mehrlingsgeburten 12 Wochen) nach der Entbindung. Für die Zeit nach der Entbindung besteht ein grundsätzliches Beschäftigungsverbot.[106] Während dieser Zeit erhalten sozialversicherungspflichtige Mütter von der gesetzlichen Krankenversicherung

---

[105] § 32b (1) S. 1 EStG (2011ff).
[106] § 6 (1) MuSchG (2011ff).

(oder einer entsprechenden Institution) Mutterschaftsgeld. In der Regel bezieht die Mutter somit meist für 99 Tage (14 Wochen Mutterschutz + Tag der Entbindung) diese Leistung. Das Mutterschaftsgeld seitens der gesetzlichen Krankenversicherung ist auf 13 € pro Tag begrenzt. Überschreitet der durchschnittliche Tageslohn diesen Wert, hat der Arbeitgeber das Mutterschaftsgeld in Höhe des Differenzbetrages aufzustocken. Auch dieser Zuschuss des Arbeitgebers ist steuerfrei.

Eine weitere Leistung für Eltern stellt das Bundeselterngeld dar. Es wird nach Ablauf des Mutterschutzes für 12 Monate gezahlt. Es beträgt grundsätzlich bei erwerbstätigen Eltern 67% des durchschnittlichen Nettoeinkommens der letzten 12 Monate, bei einem Nettogehalt von mehr als 1.200 € monatlich werden 65% gezahlt, jedoch maximal 1.800 € monatlich. Bei einem zvE von über 250.000 € bei einem berechtigten Elternteil, bzw. 500.000 € bei zwei berechtigten Elternteilen wird gar kein Elterngeld mehr bezahlt.[107] Für nicht erwerbstätige Eltern beträgt das Elterngeld mindestens 300 € (Mindestelterngeld). Bei Mehrlingsgeburten werden für jedes zusätzliche Kind pauschal 300 € zusätzlich gezahlt. Dieser Pauschalwert wird auch über den Höchstbetrag von 1.800 € gewährt. Die Dauer des Elterngeldes kann von 12 Monaten auf 14 Monate erhöht werden. Dieser Zeitraum kann frei unter den beiden Eltern aufgeteilt werden, jedoch muss jeder Elternteil mindestens zwei Monate übernehmen. Eine Erwerbstätigkeit während der Elternzeit ist bis zu einem durchschnittlichen Wochenumfang von maximal 30 Stunden oder im Rahmen einer Berufsausbildung unschädlich.[108] Die Elternzeit ist nicht gesetzlich vorgeschrieben, somit können Eltern selbst entscheiden, ob sie diese Zeit in Anspruch nehmen oder nicht.

b) § 62ff EStG – Kindergeld

Kindergeld ist eine Leistung, die Eltern erhalten, wenn sie eins oder mehrere Kinder im Sinne des § 63 i.V.m. § 32 (1) EStG haben. Der Anspruch besteht immer dann, wenn der Steuerpflichtige seinen Wohnsitz oder gewöhnlichen Aufenthalt[109] im Inland hat oder wenn der Steuerpflichtige keinen Wohnsitz oder gewöhnlichen Aufenthalt im Inland hat, jedoch unbeschränkt steuerpflichtig nach § 1 (1) EStG ist

---

[107] § 2 BEEG (2012). Anm. der Autorin: Einkünfte aus Kapitalvermögen bleiben im Falle der Abgeltungssteuer unberücksichtigt.
[108] § 2 (6) BEEG (2012).
[109] S. hierzu §§ 8,9 AO.

oder als steuerpflichtig nach § 1 (3) EStG angesehen wird.[110] Ebenfalls anspruchsberechtigt sind Personen die in einem EU-Land oder einem Land, das zum
europäischen Wirtschaftsraum (EWR) gehört, leben. Bis Ende 1995 wurde das
Kindergeld im Bundeskindergeldgesetz (BKKG) geregelt. Ab dem 01.01.1996
wurde das Kindergeldrecht in das EStG integriert.[111] Das BKKG enthält seitdem nur
noch die sozialrechtlichen Regelungen bei beschränkter Steuerpflicht oder bei
Auszahlung des Kindergeldes an das Kind selbst. Ebenfalls anspruchsberechtigt
sind Pflegeeltern oder Großeltern, wenn das Kind bei ihnen im Haushalt lebt. Da
Kindergeld nur einmal gewährt wird, müssen sich die Parteien zunächst
untereinander einigen, wer das Kindergeld erhält. Geschieht das nicht, kann ein
Gerichtsbeschluss ergehen.[112] Auch Ausländer können einen Anspruch auf
Kindergeld erlangen. Aus Vereinfachungsgründen wird dieses Thema in dieser
Arbeit jedoch nicht weiter behandelt. Neben den Voraussetzungen bei den
Anspruchsberechtigten müssen auch die Kinder, für die Kindergeld gewährt werden
soll, verschiedene Bestimmungen erfüllen. Der Anspruch besteht nur, wenn das
Kind seinen Wohnsitz oder gewöhnlichen Aufenthalt im Inland hat. Liegt der
Wohnsitz oder der gewöhnliche Aufenthalt nicht im Inland, wird der Anspruch
ausgeschlossen.[113] Bei einem zeitlich begrenzten Aufenthalt im Ausland zur Schul-
oder Berufsausbildung, z.B. bei einem Austauschjahr, bleibt der Wohnsitz zunächst
im Inland gelegen. Erst bei einem langjährigen Aufenthalt (ggf. schon ab einem
Zeitraum von 4 Jahren) wird der Wohnsitz als im Ausland gelegen, angenommen.[114]
Liegen alle Voraussetzungen vor, kann bei der zuständigen Familienkasse der
Antrag auf Kindergeld gestellt werden. Sofern ein entsprechender Bescheid
erlassen wird, zahlt die Familienkasse das Kindergeld monatlich unbar an
entsprechend berechtigte Personen. Derzeit beläuft sich das Kindergeld monatlich
auf 184 € für das erste und zweite Kind, 190 € für das dritte Kind und für das vierte
und jedes weitere Kind 215 €.
Bis Ende 2011 wurde auch beim Kindergeld eine Einkommensüberprüfung für
jedes volljährige Kind durchgeführt, das dem Grunde nach noch als Kind gemäß
§ 32 (4) EStG galt.[115] Die Überprüfung unterschied sich an einigen Punkten von der

---

[110] § 62 EStG (2011ff).
[111] Vgl. Hillmoth, B. (2009), S. 133 Rz. 590.
[112] § 64 EStG (2011ff).
[113] § 63 (1) S. 3 EStG (2011ff).
[114] Vgl. BFH v. 15.11.2004.
[115] Anm. der.Autorin: Die Berücksichtigungsgründe für ein volljähriges Kind sind auch in 2012 gleich
geblieben. Lediglich die Einkommensüberprüfung ist ab 2012 entfallen.

Ermittlung der Einkünfte und Bezüge gemäß Steuerrecht. Beispielsweise wurden im Einkommensteuerrecht pauschal Kontoführungsgebühren in Höhe von 16 € berücksichtigt. Dieser Betrag kam immer dann zum Tragen, wenn die übrigen Werbungskosten den Arbeitnehmer-Pauschbetrag nach § 9a (1) Nr. 1a EStG von zur Zeit 1.000 € überstiegen. Bei der Ermittlung des Einkommens durch die Familienkasse wurden jedoch nur tatsächliche Kontoführungsgebühren anerkannt. Ab 2012 entfällt auch bei der Gewährung von Kindergeld die Überprüfung des vom Kind erwirtschafteten Einkommens, sofern einer der Berücksichtigungsgründe nach § 32 (4) EStG vorliegt. Das Kindergeld stellt gleichzeitig eine Steuervergütung dar, die dem Steuerpflichtigen unterjährig zugestanden wird. Im Rahmen der Einkommensteuerveranlagung des anspruchsberechtigten Steuerpflichtigen wird eine Günstigerprüfung zwischen dem Kindergeld und der Gewährung des Kinderfreibetrags und dem Freibetrag für Betreuungs- und Erziehungs- oder Ausbildungsbedarf durchgeführt. Wird dabei festgestellt, dass die Freibeträge nach § 32 (6) EStG günstiger für den Steuerpflichtigen sind, werden anstelle des Kindergeldes die vorgenannten Freibeträge im Rahmen der Einkommensteuer-veranlagung abgezogen. Das ausgezahlte Kindergeld wird in diesem Fall mit der festgesetzten Einkommensteuer verrechnet. Ist jedoch das Kindergeld günstiger, kann der Steuerpflichtige das ausgezahlte Geld behalten. Das bereits gezahlte Kindergeld wird auf die Steuer angerechnet. Wird bei der Steuerfestsetzung festgestellt, dass grundsätzlich kein Anspruch mehr auf Kindergeld besteht, weil die Einkünfte und Bezüge des Kindes (auch nur geringfügig) das Existenzminimum überschreiten, hat das Finanzamt dies der Familienkasse anzuzeigen. Beide Ämtern führen dann unabhängig voneinander die Ermittlung durch und stellen fest, ob die Voraussetzungen vorgelegen haben oder nicht. Bei einem „Nichtvorliegen" der Voraussetzungen, fordert die Familienkasse das bereits gezahlte Kindergeld zurück und das Finanzamt erlässt für die Steuerpflichtigen einen geänderten Bescheid nach § 173 AO, bei dem das betroffene Kind nicht weiter berücksichtigt wird.[116]

Dieser Austausch erfolgt im Rahmen des Familienleistungsausgleichs nach § 31 EStG, aus dem auch hervor geht, dass es sich bei dem Kindergeld um eine monatliche Steuervergütung handelt. Der § 31 EStG macht deutlich, dass beide Leistungen nur alternativ zueinander gewährt werden.

---

[116] Vgl. Hillmoth, B. (2009), S. 157ff.

c) § 32 (6) EStG – Kinderfreibetrag sowie Freibetrag für den Betreuungs- und Erziehungs- oder Ausbildungsbedarf

Die Geschichte des Kinderfreibetrages reicht bis in die 20er Jahre des vorherigen Jahrhunderts zurück. Allerdings werden in dieser Arbeit nur kurz die interessantesten Aspekte bei der Entwicklung des Kinderfreibetrages dargestellt: In den 50er Jahren wurde erstmals ein duales System eingeführt, bei dem unabhängig voneinander ein Kinderfreibetrag abgezogen wurde, ohne das es Kürzungen beim zugleich gewährten Kindergeld kam. Diese Regelung führte 1975 dazu, dass der Kinderfreibetrag zugunsten des einkommensunabhängigen Kindergeldes abgeschafft wurde. Erst Mitte der 80er Jahre wurde er, nach der Feststellung der Verfassungswidrigkeit von Abzugsmöglichkeiten von Kinderbetreuungskosten, wieder angeschafft. Was in den Vorjahren praktiziert und auch letztendlich als verfassungskonform festgestellt wurde, wurde dann 1996 gesetzlich eingeführt: Zur Sicherung des Kindesexistenzminimums wurden entweder der Kinderfreibetrag oder das Kindergeld gewährt.[117] Ab dem 01.01.2002 wurde zur ausreichenden Bedarfssicherung zusätzlich der Freibetrag für den Betreuungs- und Erziehungs- oder Ausbildungsbedarf (BEA-Freibetrag) eingeführt. Diesen Freibetrag hatte das Bundesverfassungsgericht entsprechend gefordert. Der Freibetrag sollte sowohl den Grundbedarf für Betreuung und Erziehung bei jüngeren Kindern als auch den Bedarf für Ausbildung bei älteren Kindern decken.[118] Die in § 32 (6) EStG genannten Beträge unterliegen nur den allgemeinen Voraussetzungen bei der Berücksichtigung von Kindern. Hat der Steuerpflichtige ein Kind nach § 32 (1) ggf. i.V.m. § 32 (4) EStG, können die oben genannten Beträge nach entsprechendem Vergleich im Sinne der Günstigerprüfung nach dem Familienleistungsausgleich beim Steuerpflichtigen angewendet werden. Hat die Günstigerprüfung[119] ergeben, dass die Freibeträge für den Steuerpflichtigen günstiger sind als das bereits gezahlte Kindergeld, werden diese nach § 32 (6) EStG gewährt. Die beiden Freibeträge (derzeit 2.184 € beim Kinderfreibetrag und 1.320 € beim BEA-Freibetrag; bei zusammenveranlagten Ehegatten verdoppeln sich die Beträge) mindern das zu versteuernde Einkommen. Dadurch entsteht eine entsprechende Steuerersparnis, die höher als das bereits gewährte Kindergeld ist. Da das Kindergeld vorab monatlich ausgezahlt wurde,

---

[117] S. hierzu auch: Jachmann, M. (2010), S. 14f.
[118] Vgl. Hillmoth, B. (2009), S. 127 Rz 545.
[119] S. Erläuterung im vorherigen Kapitel.

wird es bei der Steuerfestsetzung und der Bekanntgabe durch den Einkommensteuerbescheid auf die festgesetzte Steuer angerechnet. Der Kinderfreibetrag und der Freibetrag für Betreuungs- und Erziehungs- oder Ausbildungsbedarf wirken sich jedoch erst bei einem höheren Einkommen aus. Bei der Einzelveranlagung muss das Einkommen mindestens 30.000 € und bei der Zusammenveranlagung mindestens 60.000 € betragen. Beide Freibeträge haben jedoch eine Besonderheit. Die Freibeträge werden unabhängig davon, ob diese oder das Kindergeld vorteilhafter sind, grundsätzlich auf die Kirchensteuer (KiSt) und den Solidaritätszuschlag (Soli) angerechnet. Dabei wird das Einkommen für die Berechnung von Soli und KiSt um die Freibeträge reduziert. Die daraus resultierende Einkommensteuer stellt die Bemessungsgrundlage für die beiden Zuschlagsteuern dar. Unterjährig kommen diese Werte all jenen zu Gute, die auf Lohnsteuerkarte arbeiten, bzw. ab 2012 auch aufgrund der neuen elektronischen Lohnsteuerabzugsmerkmale (ELStAM), die die Lohnsteuerkarten zukünftig ersetzen. Die Kinderfreibeträge werden bei der Berechnung im laufenden Gehalt berücksichtigt. Eine andere Verwendung für die Freibeträge auf der Lohnsteuerkarte oder der ELStAM-Datei gibt es nicht. Die beiden Freibeträge stellen Jahreswerte dar. Für jeden Monat, in dem die Voraussetzungen nicht vorgelegen haben, ermäßigen sich die Werte um jeweils 1/12. Bei zusammenveranlagten Ehegatten, die zugleich die Eltern des Kindes sind, werden die vollen Werte berücksichtigt.[120]

Anders als beim Kindergeld oder anderen Kindervergünstigungen können die Beträge nach § 32 (6) EStG unter bestimmten Umständen übertragen werden. Der Kinderfreibetrag und der BEA-Freibetrag stehen beiden Eltern grundsätzlich zur Hälfte zu, bei zusammenveranlagten Ehegatten werden die beiden Beträge addiert und in voller Höhe abgezogen. Ebenfalls einen Anspruch auf die vollen Beträge hat ein Elternteil, wenn der andere verstorben ist oder der andere Elternteil unbekannt ist bzw. sein Wohnsitz oder gewöhnlicher Aufenthalt nicht ermittelbar ist oder er nur beschränkt steuerpflichtig ist. Somit ist eine Übertragung der Freibeträge nur bei Einzelveranlagung der Eltern möglich. Sei es, dass die Eltern getrennt leben oder die Ehegatten die Einzelveranlagung beantragt haben. Die Übertragungsmöglichkeiten bei den beiden Freibeträgen sind unterschiedlich geregelt. So ist beim Kinderfreibetrag diese Möglichkeit grundsätzlich aus-

---

[120] Anm. d. Autorin: Wurde bei den Steuerklassen die Aufteilung III/V gewählt, wird die Anzahl der Freibeträge nur bei dem Ehegatten eingetragen, der die Steuerklasse III hat.

geschlossen, es sei denn, der eine Elternteil kommt seinen Unterhaltsverpflichtungen im Wesentlichen nicht nach.[121] Der Elternteil, bei dem das Kind gemeldet ist, kommt seiner Verpflichtung grundsätzlich durch Pflege und Erziehung des Kindes nach.[122] Der Elternteil, bei dem das Kind jedoch nicht gemeldet ist, muss im Normalfall Barunterhalt leisten. Dabei kommt er seinen Verpflichtungen nach, wenn er mindestens 75% leistet.[123] Die Höhe des Unterhalts kann per Gerichtsbeschluss, Verpflichtungserklärung, Vergleich oder anderweitiger Verträge festgelegt werden. In anderen Fällen können die Unterhaltstabellen (z.b. die „Düsseldorfer Tabelle") der Oberlandesgerichte Anhaltspunkte geben.[124] Kommt nun der barunterhaltspflichtige Elternteil seinen Verpflichtungen nicht nach, so kann der andere Elternteil beim Finanzamt die Übertragung der Hälfte des anderen auf sich beantragen. Der übernehmende Elternteil hat die Gründe hierfür entsprechend vorzutragen. Wird der Freibetrag nun übertragen, ggf. nach Anhörung des anderen Elternteils, so hat das übernehmende Finanzamt die Übertragung des Freibetrages dem übertragenden Finanzamt entsprechend anzuzeigen.[125] Wird die Übertragung auf den einen Elternteil durchgeführt, wird gleichzeitig auch immer der BEA-Freibetrag mit übertragen. Der BEA-Freibetrag kann zudem grundsätzlich auch ohne den Kinderfreibetrag übertragen werden, ohne dass ein Elternteil seinen Unterhaltsverpflichtungen nicht nachkommt. Hierzu genügt lediglich ein Antrag seitens des übernehmenden Elternteils. Die Übertragung hat stets auf den Elternteil zu erfolgen, bei dem das Kind gemeldet ist. Eine Übertragung ist jedoch nur so lange möglich, wie das Kind das 18. Lebensjahr noch nicht vollendet hat, also minderjährig ist.[126]

Werden die Freibeträge nicht auf den jeweils anderen Elternteil übertragen, sondern sollen vielmehr auf Stief- oder Großelternteile übergehen, ist das möglich, wenn das Kind bei den Großeltern oder bei der Stiefmutter bzw. -vater (Ehepartner des Elternteils) gemeldet ist. Die Übertragung erfolgt auf Antrag der übernehmenden Partei oder mit der Zustimmung des betroffenen Elternteils.[127]

In diesem Fall können jedoch immer nur beide Freibeträge übertragen werden. Eine Trennung wie bei der Übertragung zwischen den Elternteilen ist nicht möglich.

---

[121] § 32 (6) S. 6 EStG (2012).
[122] § 1606 (3) BGB (2012).
[123] R 32.13 (3) EStR (2012).
[124] R 32.13 (1) EStR (2012).
[125] R 32.13 (4) EStR (2012).
[126] § 32 (6) S. 6 EStG (2012).
[127] http://www.konz-steuertipps.de/konz/lexikon/K/Kinderfreibetrag.html, Stand: 25.01.2012.

d) § 35a EStG – Steuermäßigung für haushaltsnahe Dienstleistungen

Eine weitere Möglichkeit Kosten in Zusammenhang mit Kindern zu berücksichtigen, stellt die Steuerermäßigung nach § 35a EStG dar. Diese Möglichkeit besteht jedoch nur, sofern die Kosten nicht dem Grunde nach als Sonderausgaben nach § 10 (1) Nr. 5 EStG abgezogen werden können.[128] Oftmals müssen Familien mit Kindern Hilfen in Anspruch nehmen, die nicht direkt etwas mit den Kindern zu tun haben. So wird beispielsweise häufig die Hilfe einer Reinigungskraft in Anspruch genommen. Da es sich hierbei um keine Betreuungs- oder Erziehungsmaßnahme handelt sondern um eine allgemeine Dienstleistung, kommt ein Ansatz als Kinderbetreuungskosten nicht in Betracht.

§ 35a EStG eröffnet nun die Möglichkeit, solche Dienstleistungen oder Beschäftigungsverhältnisse als Steuerermäßigung geltend zu machen. Dabei wirkt sich der absetzbare Betrag direkt auf die Höhe der festgesetzten Einkommensteuer aus. Es gibt drei verschiedene Möglichkeiten, die Steuerermäßigung nach § 35a EStG in Anspruch zu nehmen. Sie werden in den Absätzen 1 bis 3 des Paragrafen geregelt. Absatz 1 bietet die Möglichkeit, haushaltsnahe geringfügige Beschäftigungen zum Abzug zu bringen. Dies ist immer dann der Fall, wenn die in Anspruch genommene Hilfe in einem geringfügigen Beschäftigungsverhältnis im Sinne des § 8a SGB IV angestellt wurde. Dieses Beschäftigungsverhältnis ist sowohl sozialversicherungs- als auch steuerpflichtig. Die Sozialversicherung wird grundsätzlich pauschal durch den Arbeitgeber getragen. Die Sätze sind jedoch geringer als bei einer normalen geringfügigen Beschäftigung (sog. Minijobs) im gewerblichen Bereich. Auch die Meldepflichten sind für Privathaushalte deutlich einfacher. Beim sogenannten Haushaltsscheckverfahren müssen die Haushaltshilfen lediglich an- und abgemeldet werden. Die Beiträge zur Sozialversicherung werden dann anhand der gemeldeten Entgelte berechnet und halbjährlich durch die Bundesknappschaft eingefordert und per Einzugsermächtigung vom Arbeitgeber eingezogen. Der monatliche Beitragsnachweis entfällt somit für die privaten Haushalte. Die Kosten für eine im Privathaushalt beschäftigte Aushilfe, können dann im Rahmen der Einkommensteuerveranlagung angesetzt werden. Neben dem Arbeitslohn bzw. dem Gehalt, kommen noch die pauschalen Sozial-

---

[128] § 35a (5) EStG (2012).

versicherungsbeiträge (5% Krankenversicherung[129], 5% Rentenversicherung[130], 1,6% Unfallversicherung[131] sowie 0,7% für die Umlage U1 (Krankheit) und 0,14% Umlage U2 (Mutterschutz))[132] und eventuell. die Pauschalsteuer in Höhe von 2% bei Beschäftigungsverhältnissen, die nicht auf Lohnsteuerkarte laufen, hinzu.[133] Die Ansetzbarkeit der Pauschalsteuer entfällt für den Arbeitgeber in dem Moment, indem er die 2% vom Arbeitslohn des Minijobbers einbehält.[134] Die so entstanden Gesamtkosten können in Höhe von 20%, maximal aber 510 € steuerlich berücksichtigt werden.[135]

Absatz 2 regelt den Abzug der übrigen haushaltsnahen Beschäftigungsverhältnisse und die Inanspruchnahme haushaltsnaher Dienstleistungen. Damit sind all jene Beschäftigungsverhältnisse gemeint, die voll sozialversicherungspflichtig sind, sowie Leistungen von Freiberuflern und Gewerbetreibenden. Haushaltsnah bedeutet in diesem Fall, dass die Leistung mit dem Haushalt in Verbindung gebracht werden müssen und der Erwerb einer Ware nicht im Vordergrund stehen darf bzw. es sich nicht um Handwerksleistungen handelt. Zu den Leistungen nach Absatz 2 gehören unter anderem Gartenarbeiten wie Rasenmähen oder Hecken schneiden, Grabpflege, Reinigungsarbeiten und Fenster putzen, der Pflegedienst für Pflegebedürftige im Haushalt lebender Personen oder der Umzugsservice für einen privaten Umzug. Diese Dienstleistungen erfolgen dann im Rahmen eines Beschäftigungsverhältnisses, bei dem ein entsprechender Vertrag geschlossen wird oder auf Rechnung des Dienstleisters (bei Firmen oder Selbstständigen). Eine Quittung wie bei den Kinderbetreuungskosten reicht hier nicht aus. Auf Verlangen der Finanzämter muss auch der Zahlungsnachweis auf das Konto des Leistungserbringers vorgelegt werden. Liegen diese Voraussetzungen vor, können die Kosten bis zu 20.000 € angesetzt werden. Die Ermäßigung beläuft sich auf 20% der Gesamtaufwendungen bis zu einem maximalen Betrag von 4.000 € pro Jahr.[136]

Kinder machen Renovierungs-, Erhaltungs- oder Modernisierungsaufwendungen oftmals unumgänglich. Auch hier hat die Regierung in § 35a EStG eine Regelung

---

[129] § 249b SGB V (2012).
[130] § 168 (1) Nr. 1c SGB VI (2012).
[131] §§ 185 Abs. 4 Satz 3, 129 Abs. 1 Nr. 2 SGB VI (2012).
[132] Anm. der Autorin: Die Erhebung der Anlage U1/U2 erfolgt nach dem Aufwendungsausgleichsgesetz. Die Beiträge werden von der Bundesknappschaft festgelegt.
[133] § 40a Abs. 2 EStG (2012).
[134] Vgl. § 40a (2) und (5) EStG (2012).
[135] Vgl. § 35a (1) EStG (2012).
[136] Vgl. § 35a (2) EStG (2012).

geschaffen. Absatz 3 ermöglicht es, Handwerkerleistungen steuermindernd anzusetzen. Abziehbar sind dabei der Arbeitsaufwand und/oder die Lohnkosten sowie die Anfahrtszeiten u.ä., Materialkosten können jedoch nicht angesetzt werden.[137] Daher gilt es darauf zu achten, dass die Rechnung vom Handwerker entsprechend aufgeteilt wird. Ist aus der Rechnung klar ersichtlich, was Handwerkerleistungen und was Materialaufwand ist, können die Aufwendungen bis zu einem Betrag von 6.000 € bei der Einkommensteuer angesetzt werden. Die Steuerermäßigung beläuft sich dann auf insgesamt 20% der Kosten, so dass maximal 1.200 € abgezogen werden können.[138]

Die Steuerermäßigungen nach § 35a EStG können nur in Anspruch genommen werden, wenn der Leistungserbringer eine ordnungsgemäße Rechnung erstellt bzw. wenn bei Beschäftigungsverhältnissen ein entsprechender Vertrag vorliegt. Die Aufwendungen müssen zwingend auf das Konto des Leistungserbringers erfolgen.[139] Leben allein Stehende gemeinsam in einem Haushalt, können die Aufwendungen insgesamt nur einmal berücksichtigt werden. Können die Aufwendungen einer Einkunftsart als Betriebsausgaben oder Werbungskosten zugeordnet werden, müssen sie vorrangig dort abgezogen werden.

e) § 33a (2) EStG – Ausbildungsfreibetrag eines auswärtig untergebrachten Kindes

Wurde ein volljähriges Kind im Sinne des § 32 (1) EStG aufgrund einer Berufsausbildung auswärtig untergebracht, kann der Steuerpflichtige für jeden Veranlagungszeitraum in dem die Voraussetzungen vorgelegen haben, einen zusätzlichen Freibetrag in Höhe von 924 € vom Gesamtbetrag der Einkünfte abziehen. Dieser Freibedarf soll den Sonderbedarf decken, der durch die auswärtige Unterbringung entsteht. Liegen die Voraussetzungen in bestimmten Monaten nicht vor, ermäßigt sich der Ausbildungsfreibetrag um jeweils 1/12.[140]

Die Höhe der Einkünfte und Bezüge des Kindes sind auch für diesen Freibetrag nicht relevant. „Der Begriff der Berufsausbildung ist in diesem Zusammenhang genauso zu sehen, wie bei der allgemeinen Berücksichtigung eines volljährigen, sich in Ausbildung befindlichen Kindes [...]; die Tätigkeit im Rahmen eines freiwil-

---

[137] § 35a (5) S. 2 EStG (2012).
[138] § 35a (3) EStG (2012).
[139] § 35a (6) EStG (2012).
[140] § 33a (3) EStG (2012).

ligen sozialen Jahres ist grundsätzlich nicht als Berufsausbildung zu beurteilen."[141] Das zweite Kriterium für die Inanspruchnahme des Sonder-Ausbildungsfreibetrags nach § 33a (2) EStG ist die auswärtige Unterbringung des Kindes. Auswärtig untergebracht bedeutet, dass das Kind außerhalb des Haushalts des Steuerpflichtigen lebt und verpflegt wird. Bei getrennt lebenden Elternteilen, darf das Kind in keinem der beiden Haushalte leben. Das Kind muss dem Grunde nach einen selbstständigen Haushalt führen. Lebt das Kind in einer Eigentumswohnung der Eltern, führt dort aber seinen eigenen Haushalt, so ist auch dies als auswärtige Unterbringung anzusehen. Dies hatte der BFH gleich mehrfach festgestellt.[142] Wird die Wohnung jedoch aufgrund des Eigenheimzulagengesetzes als Teil des elterlichen Haushalts angesehen, ist der Abzug nach § 33a (2) EStG ausgeschlossen.[143] Lebt das Kind im Ausland und ist somit nicht unbeschränkt einkommensteuerpflichtig, kann der Freibetrag nur insoweit abgezogen werden, wie die Aufwendungen nach den Verhältnissen des Wohnsitzstaates notwendig und angemessen sind, jedoch maximal bis 924 €.[144]

f) § 33a (1) EStG – Unterhaltszahlungen an Kinder

§ 33a (1) EStG ermöglicht den Abzug von Aufwendungen bis zu einem Betrag von 8.004 € pro Jahr, sofern diese Aufwendungen für den Unterhalt oder die etwaige Berufsausbildung einer gesetzlich unterhaltsberechtigten Person entrichtet wurden.[145] „Voraussetzung ist, dass weder der Steuerpflichtige noch eine andere Person einen Anspruch auf einen Freibetrag nach § 32a (6) EStG oder auf Kindergeld für die unterhaltene Person hat und die unterhaltene Person kein oder nur ein geringes Einkommen besitzt."[146] Dies ist zum Beispiel dann der Fall, wenn die Eltern des Kindes nicht zur Einkommensteuer veranlagt werden und beispielsweise die Großeltern das Kind monatlich unterstützen. Gleiches gilt für ein so genanntes „Orientierungsjahr" des Kindes. Hat das Kind das 21. Lebensjahr, jedoch noch nicht das 25. Lebensjahr vollendet und hat bisher noch keine Ausbildung abgeschlossen, können die Eltern das Kind bis zu einem Höchstbetrag von 8.004 € pro Jahr unterstützen, da hier die Voraussetzungen des § 32 (1) EStG nicht vorliegen und somit kein Anspruch auf den Freibetrag nach § 32 (6) EStG oder Kindergeld

[141] Hillmoth, B (2009), S. 204 Rz. 1048.
[142] Vgl. BFH v. 26.01.1994 sowie Urteil v. 25.01.1995.
[143] Vgl. Hillmoth, B. (2009), S. 205 Rz. 1055.
[144] § 33a (2) S. 2 i.V.m. § 33a (1) S. 6 EStG (2012).
[145] § 33a (1) S. 1 EStG (2012).
[146] § 33a (1) S. 4 EStG (2012).

besteht. Die Unterhaltsberechtigung regelt sich dabei nach dem BGB. Gemäß § 1601 BGB sind Verwandte in gerader Linie verpflichtet, einander Unterhalt zu zahlen. Das schließt eine Unterstützung beispielsweise unter Geschwistern aus. Der Höchstbetrag von 8.004 € ermäßigt sich für jeden vollen Monat, in dem die Voraussetzungen nicht vorgelegen haben um jeweils 1/12.[147] Für den Abzug dieser Ermäßigung ist Voraussetzung, dass die unterstützte Person kein oder nur ein geringes Vermögen hat. Übersteigen die eigenen Einkünfte und Bezüge einen Wert von 624 €, so vermindert sich der Höchstbetrag um den Wert, der die Freigrenze von 624 € übersteigt.[148] Dabei gelten für die Ermittlung der Einkünfte die entsprechenden Anwendungsvorschriften des Einkommensteuergesetzes, also die Vorschriften nach § 2 (2) EStG. Das schließt auch einen Verlustabzug im Sinne des § 10d EStG aus, da dieser im § 2 (2) EStG nicht genannt wird. Betriebsausgaben und Werbungskosten werden jedoch entsprechend berücksichtigt. Zu den Bezügen gehören solche Einnahmen in Geld oder Geldeswert, die nicht nach den Vorschriften des EStG ermittelt werden, also nicht steuerbar, steuerbefreit oder pauschal versteuerter Arbeitslohn sind.[149] Hierzu gehört z.B. der steuerfreie Teil einer Halbwaisenrente oder eine Lohnersatzleistung wie Krankengeld. Bezüge werden in den Einkommensteuerrichtlinien näher erläutert.[150] Im Gegensatz zu den Einkünften wird bei den Bezügen aus Vereinfachungsgründen eine Kostenpauschale in Höhe von 180 € abgezogen. Nur wenn höhere Aufwendungen, die im Zusammenhang mit den Bezügen stehen, nachgewiesen oder glaubhaft gemacht werden, können diese angesetzt werden. Der Zusammenhang zu den Bezügen wird beispielsweise bei Kosten aufgrund eines Rechtsstreits zur Erlangung der Bezüge unterstellt.[151] Gleichzeitig wird der Höchstbetrag von 8.004 € noch um die Ausbildungshilfen aus öffentlichen Mitteln oder Bezüge von Förderungseinrichtungen, die hierfür öffentliche Mittel erhalten, gekürzt. Dabei handelt es sich z.B. um Stipendien oder ähnliches. Bei der Überprüfung, ob Unterhaltszahlungen an Kinder erforderlich sind oder nicht, wird zusätzlich das Vermögen des Kindes berücksichtigt. Hat das Kind neben Einkünften, Bezügen und Zuschüssen aus öffentlichen Mitteln ein eigenes Vermögen, so muss es dieses zunächst einsetzen oder verwerten, bevor etwaiger Unterhalt gezahlt und auch bei den Erbringern der

---

[147] § 33 (3) S. 1 EStG (2012).
[148] § 33 (1) S. 5 EStG (2012).
[149] R 32.10 (2) EStR 2012.
[150] R 32.10 (2) EStR (2012).
[151] R 32.10 EStR (2012).

Unterhaltszahlung steuerlich berücksichtigt werden kann. Dabei bleibt geringfügiges Vermögen außer Ansatz. Die Regelungen hierfür finden sich sowohl im BGB, als auch im zwölften Sozialgesetzbuch (SGB XII). Laut § 90 SGB XII muss grundsätzlich zunächst das gesamte verwertbare Vermögen eingesetzt werden, jedoch abgesehen von den im Absatz 2 genannten Ausnahmen. Der sich hieraus ergebende Wert ist das sogenannte Schon-Vermögen.[152]

Wurde keine der beiden Möglichkeiten des § 33a EStG in Anspruch genommen bzw. liegen hierfür die Voraussetzungen nicht vor, besteht ggf. noch die Möglichkeit eine Ermäßigung nach § 33 EStG zu erwirken. Eine gleichzeitige Inanspruchnahme der §§ 33 und 33a EStG ist per Gesetz ausgeschlossen.[153]

g) § 33 EStG – Außergewöhnliche Belastungen

Entstehen einem Steuerpflichtigen außergewöhnliche Belastungen, so kann er diese auf Antrag nach § 33 EStG steuermindernd geltend machen. Als außergewöhnlich gelten solche Kosten, die dem Steuerpflichtigen zwangsläufig entstehen und denen er sich aus rechtlichen, tatsächlichen oder sittlichen Gründen nicht entziehen kann.[154] Somit erwachsen auch ggf. einem Steuerpflichtigen mit Kind Kosten, denen er sich nicht entziehen kann. Abziehbar sind jedoch nur die Kosten, die dem Steuerpflichtigen im Vergleich zu anderen Steuerpflichtigen zusätzlich und in besonderem Maße entstanden sind. Aus diesem Grund wird bei der Berechnung der außergewöhnlichen Belastungen eine zumutbare Belastung nach § 33 (3) EStG berücksichtigt. Nur solche Kosten, die die zumutbare Belastung übersteigen, können als Steuerermäßigung beantragt werden. Die zumutbare Belastung errechnet sich dabei anhand eines nach § 33 (3) EStG ermittelten Prozentsatzes. Dieser Prozentsatz richtet sich nach Einkommen, Familienstand und der Anzahl der Kinder und fällt entsprechend höher oder niedriger aus. Der Prozentsatz wird mit dem Gesamtbetrag der Einkünfte multipliziert und ergibt dann so die individuelle zumutbare Belastung für den Steuerpflichtigen.

Nachfolgend werden drei Beispiele aufgezeigt, aus denen hervor geht, bei welchen Kosten es sich um außergewöhnliche Belastungen handelt und bei welchen nicht. Dabei werden der Tatbestand der Zwangsläufigkeit sowie die Abtrennung zu

---

[152] Vgl. Hillmoth, B. (2009), S. 215 Rz. 1117.
[153] § 33a (4) EStG (2012).
[154] § 33 (1) u. (2) EStG (2012).

höheren Kosten im Verhältnis zur Mehrzahl der Steuerpflichtigen deutlich:

Adoption:
Die hierbei entstehenden Kosten stellen keine außergewöhnliche Belastung dar, da eine Adoption freiwillig erfolgt und somit den Eltern nicht zwangsläufig entsteht.

Kosten in Zusammenhang mit einer Behinderung des Kindes:
Durch die Behinderung eines Kindes können dem Steuerpflichtigen zusätzliche Kosten entstehen, denen er sich nicht entziehen kann. Dabei können jedoch nur solche Kosten angesetzt werden, bei denen der Steuerpflichtige keinen Gegenwert oder einen nicht nur vorübergehenden Vorteil erhält. „Dabei wird ein Gegenwert oder ein nicht nur vorübergehender Vorteil erlangt, wenn Teile des Einkommens für die Anschaffung von Gegenständen verwendet werden, die von bleibendem oder doch mindestens länger andauerndem Wert und Nutzen sind und zumindest eine gewisse Marktgängigkeit besitzen."[155] Diese Kriterien sind beispielsweise bei einem nachträglichen Einbau eines Treppenlifts oder einer, auf die Bedürfnisse des Kindes zugeschnittene Rollstuhlrampe gegeben, wenn der Einbau aufgrund einer später eingetretenen Behinderung des Kindes erforderlich geworden ist.[156] Ebenfalls abziehbar sind bei Kindern mit Gehbehinderung Fahrtkosten im Rahmen der Angemessenheit. Angemessen sind bis zu 15.000 km jährlich sowie ein maximaler Aufwand von 0,30 €/km. Der Betrag orientiert sich an den Sätzen für die allgemeinen Fahrtkosten wie der Pendlerpauschale und den Reisekosten. Ein höherer Aufwand wird nicht berücksichtigt. Wiederum keine außergewöhnliche Belastung stellt der Einbau eines Aufzugs dar. In diesem Fall entsteht dem Steuerpflichtigen eindeutig ein Gegenwert. Wird aufgrund der Behinderung des Kindes der Besuch einer Privatschule erforderlich, so können auch hier die Kosten als außergewöhnliche Belastung angesetzt werden, wenn es sich hierbei um unmittelbare Krankheitskosten handelt.[157] Der Ansatz ist allerdings nur möglich, wenn eine öffentliche Schule die individuelle Förderung nicht bieten kann. Ein entsprechender Nachweis muss gegeben sein. In anderen Fällen können die Kosten nicht als außergewöhnliche Belastung geltend gemacht werden.

---

[155] Vgl. http://www.konz-steuertipps.de/konz/lexikon/A/Aussergewoehnliche-Belastungen.html, Stand: 28.01.2012.
[156] Vgl. FG Hessen v. 19.09.2007.
[157] Vgl. BFH v. 17.04.1997.

Krankheitskosten:

Entstehen Krankheitskosten, die das Kind nicht selber tragen kann und übernimmt die Kosten der Unterhaltspflichtige, so kann dieser die entstanden Aufwendungen als außergewöhnliche Belastung geltend machen.[158]

h) § 10 (1) Nr. 9 EStG – Besuch einer Privatschule

Besucht das Kind eine Schule in einer freien Trägerschaft oder eine überwiegend privat finanzierte Schule, so kann der Steuerpflichtige für das Kind, bei dem er einen Anspruch auf den Freibetrag nach § 32 (6) EStG oder auf Kindergeld hat, 30% des Entgelts, jedoch maximal 5.000 € steuerlich geltend machen. Dabei gilt es zu beachten, dass die Entgelte für Beherbergung, Betreuung und Verpflegung nicht nach § 10 (1) Nr. 9 EStG abzugsfähig sind.[159] Die Schule muss gemäß § 10 (1) Nr. 9 S. 2 EStG in einem Mitgliedsstaat der Europäischen Union (EU) oder in einem Staat gelegen sein, der Mitglied im Europäischen Wirtschaftsraum (EWR) ist. Gleichwohl muss die Schule einen Abschluss anbieten, der gleichwertig mit einem anerkannten allgemeinbildenden Schul-, Jahrgangs- oder Berufsabschluss einer öffentlichen Schule ist. Die Anerkennung erfolgt über das zuständige Ministerium eines Landes, die Kultusministerkonferenz der Länder oder eine inländischen Zeugnisanerkennungsstelle.[160] Vorbereitungsschulen auf Schulen, die die Voraussetzungen des Satzes 2 zutreffen, werden gleichermaßen anerkannt. Ebenfalls anerkannt werden deutsche Schulen im Ausland. Ihr Besuch steht einer öffentlichen Schule gleich (z.B. Diplomaten-Schulen). Damit ist ein Sonderausgabenabzug immer dann möglich, wenn der angestrebte Abschluss staatlich anerkannt ist. Diese Regelung wurde im Veranlagungszeitraum 2008 neu geregelt. Die Altregelung des § 10 (1) Nr. 9 EStG sah vorher einen Sonderausgabenabzug nur vor, wenn die Schule und nicht der Abschluss anerkannt war. Damit wurde ein Großteil der Ergänzungsschulen, aber auch viele im Ausland gelegene Schulen vom Abzug ausgeschlossen. Diese Regelung sah der Europäische Gerichtshof vor allem in Bezug auf Schulen in anderen Mitgliedsstaaten als europarechtswidrig an.[161] Der Höchstbetrag von 5.000 € wird jährlich pro Kind, jedoch nur pro Elternpaar gewährt. Getrennt lebende Eltern müssen sich den Höchstbetrag entsprechend teilen.

---

[158] Anm. d. Autorin: s. zum vorherigen Abschnitt auch: Hillmoth, B. (2009), S. 236ff.
[159] § 10 (1) Nr. 9 S. 1 EStG (2012).
[160] § 10 (1) Nr. 9 S.2 EStG (2012).
[161] Vgl. EuGH v. 11.9.2007.

Eltern in besonderen Situationen haben oftmals höhere Kosten zu tragen, als solche, die sich in einer mehr oder weniger „Normal-"Situation befinden. Eine besondere Situation liegt im Sinne des Gesetzgebers vor, wenn der Steuerpflichtige alleinerziehend ist oder das Kind seelisch, geistig oder körperlich behindert ist. Diese Personen haben meist, im Verhältnis zu anderen Elternpaaren, höhere Kosten zu tragen. Sei es durch ein erhöhtes Maß an Betreuungsaufwand, durch Kosten für behindertengerechte Umbauten, Schulen, die auf die Bedürfnisse eines behinderten Kindes eingestellt sind, usw. Um diesen Steuerpflichtigen eine zusätzliche Entlastung zu bieten, können diese Personengruppen beim Erfüllen der Voraussetzungen neben den anderen Steuervergünstigungen für ihre Kinder noch zusätzlich gesonderte Steuerermäßigungen in Anspruch nehmen. Dies wäre zum einen für einen alleinerziehenden Elternteil der Entlastungsbetrag für Alleinerziehende nach § 24b EStG sowie für Eltern mit behinderten Kindern der Pauschbetrag für Behinderte nach § 33b EStG.

i) § 24b EStG – Entlastungsbetrag für Alleinerziehende

Allein stehende Steuerpflichtige können für ein Kind, für das ihnen ein Freibetrag nach § 32 (6) EStG oder Kindergeld zusteht, einen Entlastungsbetrag in Höhe von 1.308 € von der Summe der Einkünfte abziehen. Für jeden vollen Monat in dem die folgenden Voraussetzungen nicht vorgelegen haben, vermindert sich der Betrag um jeweils 1/12.[162] Das Kind muss zum Haushalt des Steuerpflichtigen gehören.[163] Die Haushaltszugehörigkeit des Kindes ist anzunehmen, wenn dieses beim Steuerpflichtigen gemeldet ist. Teilen sich zwei allein stehende Steuerpflichtige das Sorgerecht für das Kind und ist es entsprechend auch bei beiden wohnhaft gemeldet, steht der Entlastungsbetrag dem Elternteil zu, welcher die Voraussetzung für die Gewährung von Kindergeld nach § 64 (2) EStG erfüllt oder erfüllen würde, „[...] in Fällen in denen nur ein Anspruch auf einen Freibetrag nach § 32 (6) EStG besteht."[164] Allein stehend im Sinne des Gesetzes ist ein Steuerpflichtiger dann, wenn er nicht die Voraussetzungen für das Splittingverfahren im Sinne des § 26 (1) EStG erfüllt oder er verwitwet ist und/oder er keine Haushaltsgemeinschaft mit einer anderen volljährigen Personen bildet. Ausnahme bilden hier, volljährige Kinder des Steuerpflichtigen, für die er noch den Kinder-

---

[162] § 24b (3) EStG (2012).
[163] § 24b (1) S. 1 EStG (2012).
[164] § 24b (1) S. 3 EStG (2012).

freibetrag und den Freibetrag für den Betreuungs- und Erziehungs- oder Ausbildungsbedarf oder Kindergeld erhält. Gleiches gilt für Kinder, die den gesetzlichen Grundwehrdienst leisten oder geleistet haben, sich freiwillig zum Wehrdienst verpflichtet haben oder als Entwicklungshelfer gearbeitet haben oder arbeiten. § 32 (5) EStG gilt hier entsprechend. Ist eine andere volljährige Person im Haushalt des Steuerpflichtigen gemeldet, wird vermutet, dass die Personen gemeinsam wirtschaften, also eine Haushaltsgemeinschaft bilden.[165] Gleiches gilt für eine eheähnliche Lebensgemeinschaft oder eine eingetragene Lebens-partnerschaft oder Wohngemeinschaften insbesondere mit Studierenden, Großeltern oder Geschwistern. Die Vermutung einer Haushaltsgemeinschaft ist widerlegbar, wenn glaubhaft gemacht werden kann, dass die andere Personen sich nicht an der Lebensführung beteiligt. Vor allem bei Pflegebedürftigen mit einem höheren Pflegegrad liegt der Verdacht nahe, dass sie nicht in der Lage sind für den Haushalt zu wirtschaften. Die Fähigkeit sich am Haushalt zu beteiligen entfällt immer dann, wenn ein Schweregrad der Bedürftigkeit nach § 14 SGB XI oder Blindheit vorliegt. Auch Personen, die kein oder nur ein geringes Einkommen besitzen, können sich nachweislich nicht an den Haushaltskosten beteiligen, sofern für sie grundsätzlich die Voraussetzungen des § 33a (1) EStG erfüllen. Die Frage, ob der Entlastungsbetrag für Alleinerziehende für diese Personengruppe eine Bevorzugung seitens des Gesetzgebers darstellt, ist derzeit noch beim EuGH für Menschenrechte als Beschwerdeverfahren anhängig. Hier wurde unter Auffassung, dass § 24b EStG gegen Art. 8 (Recht auf Achtung von Privat- und Familienleben) und Art. 14 (Diskriminierungsverbot) der Europäischen Menschenrechtskonvention (EMRK) verstoße, Beschwerde eingereicht.[166]

j) § 33b EStG – Pauschbeträge für behinderte Menschen, Hinterbliebene und Pflegepersonen

Ein behindertes Kind zur Welt zu bringen bedeutet für viele Eltern eine besondere Herausforderung. Es bedeutet eine große Verantwortung, das Kind insoweit zu fördern, dass es ein mehr oder weniger normales Leben führen kann. Ein behindertes Kind stellt zusätzlich auch, neben der Verantwortung als solche, eine große finanzielle Belastung dar: Neben den Aufwendungen für die Hilfe bei den gewöhnlich und regelmäßig wiederkehrenden Verrichtungen des täglichen Lebens

---

[165] § 24b (2) S. 2 EStG (2012).
[166] Vgl. EuGH v. 18.12.2009.

fallen auch in vielen anderen Bereichen deutlich mehr Kosten als in einer Familie mit gesunden Kindern an.[167] Vielfach zeigt sich ein erhöhter Kleidungs- und daraus resultierender Waschbedarf, besondere Spielzeuge müssen gekauft werden, besondere Kindergärten und Schulen besucht werden. Dinge, denen die Eltern eines solch besonderen Kindes sowohl emotional als auch finanziell gerecht werden müssen. Aufgrund des höheren Bedarfs der Kinder besteht für Eltern die Möglichkeit einen Behinderten-Pauschbetrag nach § 33b EStG in Anspruch zu nehmen. Der Pauschbetrag wird alternativ zum Abzug der tatsächlichen Kosten als Steuerermäßigung nach § 33 EStG gewährt. Eine gleichzeitige Inanspruchnahme beider Varianten besteht nicht.[168] Gemäß § 33b (1) S. 3 EStG, kann das Wahlrecht für jeden Veranlagungszeitraum jeweils nur einheitlich ausgeübt werden. Das bedeutet, dass ein unterjähriger Wechsel der beiden Steuerermäßigungen nicht möglich ist. Der Pauschbetrag nach § 33b EStG steht behinderten Menschen zu, bei denen ein Grad der Behinderung von mehr als 50 festgestellt wurde. Abweichend davon steht der Behinderten-Pauschbetrag auch solchen behinderten Menschen zu, die einen Grad der Behinderung (GdB) von weniger als 50, aber mehr als 25 haben, wenn ihnen Renten oder Bezüge nach gesetzlichen Renten zustehen oder zustehen würden oder eine dauernde Einbuße der körperlichen Bewegungsfähigkeit vorliegt oder die Behinderung auf einer typischen Berufskrankheit beruht.[169] Die Pauschbeträge werden nach dem Grad der Behinderung gestaffelt. Somit ergeben sich Behinderten-Pauschbeträge von mindestens 310 € (GdB von 25 und 30) und maximal 1.420 € (GdB von 95 und 100) jährlich, die vom Gesamtbetrag der Einkünfte abgezogen werden können. Im Falle der Hilflosigkeit oder Blindheit oder der Pflegebedürftigkeit nach Pflegestufe III erhöht sich der Pauschbetrag auf 3.700 € pro Veranlagungs-zeitraum.[170] Steht nun der Behinderten-Pauschbetrag dem Kind eines Steuer-pflichtigen zu, für das er die Freibeträge nach § 32 (6) EStG oder Kindergeld erhält, so kann der Pauschbetrag auf Antrag auf die Eltern übertragen werden, wenn ihn das Kind nicht bereits in Anspruch nimmt. Die Übertragung erfolgt vollständig jeweils zur Hälfte auf die Eltern, es sei denn, der eine Elternteil hat seinen Kinderfreibetrag auf den Anderen übertragen.[171] Eine Aufteilung des Pausch-

---

[167] § 33b (1) S. 1 EStG (2012).
[168] § 33b (1) EStG (2012).
[169] § 33b (2) EStG (2012).
[170] Vgl. Hillmoth, B. (2009), S. 251 Rz. 1223. sowie § 33b (3) EStG (2012).
[171] § 33b (5) S. 2 EStG (2012).

betrages zwischen Kind und Eltern ist nicht vorgesehen. Der Pauschbetrag deckt alle behinderungsbedingten Aufwendungen ab. Obwohl ein gleichzeitiger Abzug einer Steuerermäßigung nach § 33 EStG und des Behinderten-Pauschbetrages per Gesetz ausgeschlossen ist, können die nachfolgenden Aufwendungen auch dann nach § 33 EStG angesetzt werden, wenn die Wahl auf den Pauschbetrag gefallen ist. Die Regelung findet sich in R 33b i.V.m. H 33b EStR:

- Operationskosten, Kosten für Heilbehandlungen, Arznei- sowie Arztkosten nach R 33b (1) EStR,
- Kraftfahrzeugkosten nach den Regelungen des H 33.1 – 33.4 („Fahrtkosten behinderter Menschen") sowie EStR 33b (1) S. 4 EStR,
- Führerscheinkosten für ein schwer geh- oder stehbehindertes Kind[172,]
- Kosten für eine Heilkur gemäß den Hinweisen H 33.1 – 33.4 („Kur") sowie R 33.4 (1) und (3) EStR,
- Schulgeld für den Privatschulbesuch eines behinderten Kindes, sofern der Besuch dieser Schule ärztlich erforderlich und angeordnet ist nach den Vorschriften der Richtlinie R 33.4 (2) EStR sowie
- Kosten für die behindertengerechte Ausgestaltung des eigenen Wohnhauses.

Begleitend zum EStH 33b sind für die einzelnen Punkte entsprechend die Hinweise zum § 33 EStG zu beachten. Nur wenn die dort geforderten Voraussetzungen erfüllt sind, können die vorgenannten Aufwendungen neben dem Pauschbetrag angesetzt werden.[173]

Die vorhergegangen Möglichkeiten, die eigenen Kinder steuermindernd zu berücksichtigen, führen oftmals zu Rechtsstreitigkeiten zwischen Steuerpflichtigen und Finanzämtern. Oft genug wird an der Verfassungsmäßigkeit einiger Regelungen gezweifelt. Dabei sind zumeist der Grundsatz der Gleichberechtigung (Art. 3 GG, z.B. beim Altersentlastungsbetrag für Alleinerziehende) oder der Schutz von Ehe und Familie (Art. 6 GG, z.B. bei der Begrenzung auf Höchstbeträge) häufige Gründe, um vom zuständigen Finanzgericht über den Bundesfinanzhof bis zum Bundesverfassungsgericht zu ziehen. Auch die zivil- oder sozialrechtlichen Urteile bezüglich der Erstattung von Kinderbetreuungskosten sind steuerlich nicht unrelevant, da oftmals die Frage nach der Steuerbarkeit oder eventuellen Steuer-

---

[172] Vgl. BFH v. 26.03.1993.
[173] R 33ff. EStR (2011).

befreiungen unberücksichtigt bleibt. Nachfolgend werden daher drei Auszüge aus bereits gefällten Urteilen oder anhängigen Verfahren gezeigt, die interessant in Bezug auf das Thema „Kinderbetreuungskosten" erscheinen.

V. Auszüge aus der Rechtssprechung rund um Kinderbetreuungskosten

a) Verfassungsmäßigkeit der Altregelungen zu Kinderbetreuungskosten aufgrund der aktuellen Höchstbeträge

Seit dem 20.11.2009 ist beim Bundesfinanzamt das Verfahren (III R 67/09) betreffend der Begrenzung der notwendigen Kinderbetreuungskosten auf 2/3 der Aufwendungen anhängig. In diesem Verfahren soll überprüft werden, ob die mangelnde Vereinbarkeit mit dem objektiven Nettoprinzip gegen verfassungsrechtliche Grundsätze verstößt. Insbesondere sieht der Beschwerdeführer hier einen Verstoß gegen Art. 3 und 6 des Grundgesetzes. Seinem Erachten nach, ist eine Beschränkung des Abzugs von erwerbsbedingten Betreuungskosten ungerechtfertigt, da ohne die Betreuung der Kinder eine einkommensteuerliche Einkünfteerzielung nicht möglich sei.[174] Insofern seien die Anforderungen an den Werbungskostenbegriffs des § 9 EStG erfüllt. Gefordert wird der Abzug der notwendigen Kinderbetreuungskosten in voller Höhe. Die Beklagte sieht keinen Verstoß gegen die beschränkte Abziehbarkeit als dass Kinderbetreuungskosten lediglich „wie" Werbungskosten zu behandeln wären. Ebenfalls wäre die Beschränkung legitim, da ansonsten eine Besserstellung von Ehegatten oder Alleinerziehenden mit Kindern gegenüber kinderlosen Steuerpflichtigen erfolgte. Die eingelegte Revision bezieht sich auf die Regelungen der Kinderbetreuungskosten ab dem VZ 2006 bis einschließlich dem VZ 2011. Ob die Neuregelung ab diesem Kalenderjahr (VZ 2012ff) ebenfalls hierunter fällt, bleibt offen. Seit Februar 2010 sind die Finanzämter dazu angehalten, die Einkommensteuerbescheide hinsichtlich der beschränkten Abziehbarkeit von Kinderbetreuungskosten als vorläufig nach § 165 AO offen zu halten.[175]

---

[174] Vgl. FG Sachsen v. 19.08.2009.
[175] Vgl. BMF v. 15.02.2010.

b) Erstattungsansprüche eines alleinerziehenden Betriebsratsmitgliedern gegenüber dem Arbeitgeber

Betriebsratsmitglieder müssen in regelmäßigen Abständen an den Betriebsrats-sitzungen ihrer Firma teilnehmen. Bei größeren Betrieben mit mehreren Niederlassungen kann die Möglichkeit bestehen, aufgrund einer Gesamtbetriebs-ratssitzung mehrere Tage abwesend zu sein. In dieser speziellen Situation befand sich eine alleinerziehende Arbeitnehmerin. Sie musste im Streitjahr 2005 für mehrere Tage zum Hauptsitz ihres Arbeitsgebers fahren. Für die Zeit der Abwesenheit betraute sie eine Betreuerin mit der Fürsorge ihrer beiden 11 und 12 Jahre alten Kinder gegen eine vorher vereinbarte Tagespauschale. Die Arbeitnehmerin beantragte nach § 40 (1) BetrVG die Erstattung der Betreuungskosten durch den Arbeitgeber (AG). Sie begründete den Erstattungsantrag damit, dass ihr andernfalls Nachteile entstünden, die sie an der Ausübung ihres Amtes als Betriebsrätin hindern würden. Der AG lehnte die Übernahme der Kosten mit der Begründung ab, dass es sich bei Betreuungskosten um Kosten der privaten Lebensführung handle und die Arbeitnehmerin bei Annahme ihrer Betriebsratswahl gewusst habe, dass mehrtägige Sitzungen möglich seien, auch wenn diese an einer anderen Betriebsstätte statt fänden. Mit Beschluss vom 23.06.2010 hat das Bundesarbeitsgericht (BAG) entschieden, dass der Arbeitgeber die Kosten eines alleinerziehenden Betriebsratsmitgliedes für die beruflich bedingten Betreuungskosten zu übernehmen hat.[176] Das BAG erläuterte seinen Beschluss mit der Begründung, dass der Arbeitgeber nach § 40 (1) BetrVG dazu verpflichtet sei, die Kosten entsprechend zu tragen. Insbesondere hat der Arbeitgeber solche Kosten zu tragen, die durch die Wahrnehmung von Betriebsratsaufgaben entstehen. Steuerlich ist dieses Urteil insoweit relevant, als dass die Erstattung von Kinderbetreuungskosten in diesem Fall nicht nach § 3 Nr. 33 EStG steuerbefreit ist. Die Erstattung ist nur von der Steuer befreit, sofern es sich um Betreuungskosten für nicht schulpflichtige Kinder handelt. Durch das Urteil besteht zwar für Betriebsratsmitglieder der Anspruch auf Erstattung, jedoch handelt es sich hierbei um normalen steuerpflichtigen Arbeitslohn.

---

[176] Vgl. BAG v. 23.06.2010.

c) Hinzurechnung des Kindergelds bei der Günstigerprüfung nach § 31 (4) EStG, wenn dieses weder beantragt noch bezogen wurde

Ein weiteres anhängiges Verfahren beim Bundesfinanzhof beschäftigt sich mit der Frage, ob eine Hinzurechnung des Kindergeldes im Rahmen der Günstigerprüfung nach § 31 (4) EStG zu unterlassen ist, wenn das Kindergeld weder beantragt noch bezogen wurde. In diesem Verfahren gilt es zu klären, ob allein der Anspruch auf Kindergeld nach § 64ff EStG ausreicht, um die Hinzurechnung im Rahmen des Familienleistungsausgleichs zu rechtfertigen. Das hier zu fällende Urteil dürfte, sofern zu Gunsten des Steuerpflichtigen entschieden wird, weitgreifende Auswirkungen auf die bisherige Regelung des Familienleistungsausgleiches haben. Sollte die Revision des Steuerpflichtigen Erfolg haben, stellt sich die Frage, ob die Günstigerprüfung nach § 31 (4) EStG weiterhin tragbar ist oder zukünftig die Frei-beträge nach § 32 (6) EStG und das Kindergeld wieder getrennt voneinander zu betrachten sind. Das Verfahren wurde am 19.01.2012 eröffnet.[177]

d) Verfassungsmäßigkeit der Absenkung der Altersgrenze von 27 auf 25 Jahre zur Berücksichtigung von Kindern durch das Jahressteuergesetz 2007

Mit dem Jahressteuergesetz von 2007 hatte der Gesetzgeber eine Absenkung der Altersgrenze zur Berücksichtigung von Kindern von der Vollendung des 27. auf die Vollendung des 25. Lebensjahres beschlossen. Gegen diese Absenkung wurde durch einen Steuerpflichtigen Revision beim Bundesfinanzhof eingelegt, da er für seine 1983 geborene Tochter, ab November 2008 von der Familienkasse kein Kindergeld mehr bekam, obwohl die Tochter sich nachweislich in einer ersten Berufsausbildung befand. Er begründete die Revision dahingehend, dass die Absenkung sowohl gegen Art. 2 (1) i.V.m. Art. 20 (3) GG, als auch im Besonderen gegen die Art. 3 und 6 GG verstoße. Der Verstoß gegen den Gleichheitsgrundsatz nach Art. 3 sei dadurch gegeben, dass die Übergangsregelung der Geburten-jahrgänge bis 1982 eine Bevorzugung dieser Kinder darstelle. Durch die herabgesetzte Altersgrenze sei ebenfalls das Familienexistenzminimum gefährdet, was wiederum ein Verstoß gegen Art. 6 des Grundgesetzes darstelle. Der Bundes-finanzhof wies die Revision mit Urteil vom 17.06.2010 als unbegründet zurück.[178] Gleichzeitig bestätigte der III. Senat, dass die Verfassungsmäßigkeit hinsichtlich

---

[177] Vgl. BFH v. 19.01.2012.
[178] Vgl. BFH v. 17.06.2010.

der Absenkung der Altersgrenze durch das Jahressteuergesetz 2007 und die daraus resultierenden Übergangsregelungen gegeben ist. Der Steuerpflichtige reichte Verfassungsbeschwerde ein. Die Beschwerde wurde am 04.01.2011 am Bundesverfassungsgericht zugelassen.[179]

VI. Ausblick

Durch die Änderungen im Rahmen des Steuervereinfachungsgesetzes vom 01.11.2011 wurde der Abzug von Kinderbetreuungskosten ab dem Veranlagungszeitraum 2012 insofern vereinfacht, als dass der Steuerpflichtige unabhängig von einer Erwerbstätigkeit oder einer der anderen Voraussetzungen der Altregelungen Betreuungskosten für ein Kind bis zu dessen Vollendung des 14. Lebensjahres steuermindernd ansetzen kann. Durch die Umschichtung der Betreuungskosten von „wie Betriebsausgaben/Werbungskosten" zu einem reinen Sonderausgabenabzug hat der Gesetzgeber eine Möglichkeit gefunden die hohen Steuereinbußen, die durch die vorherigen Abzugsmöglichkeiten entstanden sind, zu verringern. Fraglich ist allerdings, ob die Abschaffung der Voraussetzungen (Erwerbstätigkeit, Krankheit, etc.) von Dauer sein wird. Denn gerade diese Voraussetzungen hatten es vielen Familien unmöglich gemacht Betreuungskosten anzusetzen (Bsp.: Alleinverdienerfamilie). Gleichzeitig wurde der Abzug grundsätzlich für die Zeit ab Geburt bis zur Vollendung des 14. Lebensjahres des Kindes ermöglicht. Auch hier ist fraglich, ob es bei dieser Regelung bleiben wird. Gleichwohl bleibt offen, ob die Begrenzung der Kosten auf 2/3 der Aufwendungen bis zu max. 4.000 € im Jahr bestehen bleibt. Bis das Bundesverfassungsgericht hierüber (s. vorheriges Kapitel V a)) entscheidet, werden auch diesbezüglich die Bescheide weiterhin vorläufig ergehen. Abzuwarten bleibt, ob weiterhin zeitgleich Kinderbetreuungskosten nach § 10 (1) Nr. 5 EStG und der Freibetrag für den Betreuungs- und Erziehungs- oder Ausbildungsbedarf nach § 32 (6) EStG abzugsfähig bleiben. Zwar wirkt sich der Freibetrag erst ab einer gewissen Einkommenshöhe steuerlich aus, aber gerade dies könnte auf lange Sicht dazu führen, dass die Verfassungsmäßigkeit in Bezug auf den Gleichheitsgrundsatz nach Art. 3 GG angezweifelt wird. Nämlich dann, wenn man sich die Frage stellt, ob durch diese Regelung grundsätzlich die besser verdienenden Steuerpflichtigen mit Kindern bevorzugt werden. Neben den Kinderbetreuungskosten wurden aber auch grundlegende Änderungen bei der steuerlichen Berücksichtigung von Kindern nach

---

[179] Vgl. BVerfG v. 04.01.2011.

Vollendung des 18. Lebensjahres durchgeführt. Die Abschaffung der Einkommensüberprüfung bei den Freibeträgen nach § 32 (6) EStG und beim Kindergeld dürfte viele Eltern aufatmen lassen. Allerdings bleibt es weiterhin bei der Günstigerprüfung im Rahmen des Familienleistungsausgleichs. Um auch hier eine gerechte Steuerpolitik unter Familien jeden Standes zu schaffen, wird im Lauf der Jahre eine Absplittung des Kindergeldes vom Einkommensteuergesetz unumgänglich bleiben. Das Kindergeld sollte vielmehr als Ersatz für ein fehlendes Erwerbseinkommens (nämlich das des Kindes) gesehen werden. Die Freibeträge hingegen sollten grundsätzlich nur für Steuerzahler gelten. Durch die Abtrennung des Kindergeldes vom EStG könnte genau dies erreicht werden: Die soziale Förderung der Familie durch das Kindergeld und die Berücksichtigung der wirtschaftlichen Leistungsfähigkeit bei der Besteuerung der Einkünfte der Steuerzahler durch die rein steuerlichen Kinderfreibeträge. Auch in Hinblick auf die sinkenden Geburtenzahlen in Deutschland sind grundsätzliche Reformüberlegungen zur Förderung der Familien und vor allem der Kinder unumgänglich.

E. Resümee

In Anschluss an diese Thesis lässt sich festhalten, dass es für Eltern mit Kindern, ob alleinerziehend, getrennt lebend oder verheiratet, viele Möglichkeiten gibt, ihren Nachwuchs steuerlich geltend zu machen. Den zwangsläufig höheren Kosten durch die Versorgung, Erziehung und Ausbildung der Kinder soll damit entsprechend Rechnung getragen werden. Es bleibt jedoch zu bezweifeln, dass tatsächlich allen Eltern die dargestellten Steuervergünstigungen bewusst sind und diese auch genutzt werden. Das Prozedere zur Berücksichtigung kindbedingter Kosten dürfte so manchen Steuerpflichtigen abschrecken: Anlage Kind, Sonderausgaben, außergewöhnliche Belastungen, Freibeträge, Kindergeld, Handwerkerleistungen, etc. All das muss belegt und entsprechend an der richtigen Stelle der Einkommensteuererklärung eingetragen werden. Das StVereinfG 2011 hat durch seine weitgreifenden Änderungen bei der Berücksichtigung von Kindern und den daraus resultierenden Kosten Erleichterung verschafft. Die Anlage Kind wird durch den Wegfall der Einkommensüberprüfung von derzeit drei auf maximal zwei Seiten reduziert. Hintergedanke seitens der Regierung ist hier, der allgemeinen „Vergreisung" des deutschen Volkes entgegenzuwirken. Die sinkenden Geburtenraten machen die steuerlichen Änderungen unumgänglich. Ob diese Maßnahmen ausreichen werden, um den Kinderwunsch wieder attraktiver zu gestalten, bleibt weiter fraglich. Durch wachsende Lebenshaltungskosten, die angespannte Arbeitsmarktsituation und die Angst vor Verarmung im Alter schrecken viele junge Leute davon ab, eigene Kinder zu bekommen. Auch die Wirtschaft wird früher oder später die Auswirkungen des demographischen Wandels in Form von ausbleibenden Nachwuchskräften spüren. Das Ausbleiben von genügend Nachkommen wird dazu führen, dass der heute existierende Sozialstaat Deutschland so nicht mehr funktioniert. Im schlimmsten Fall wird unser derzeitiges Sozialsystem nicht mehr tragbar sein. Die Konsequenz wäre ein System, wie es beispielsweise in den Vereinigten Staaten existiert. Die Kluften zwischen Unter-, Mittel- und Oberschicht würden größer werden. Dieses „worst case"-Szenario mag übertrieben erscheinen, es macht aber deutlich, dass weitergehende Reformen in diesem Bereich zwingend notwendig sind. Der Wunsch ein Kind zu bekommen, muss wieder attraktiver werden und darf nicht mit Existenzängsten in Verbindung stehen. Denn schließlich sind die Kinder von heute die Steuerzahler von morgen.

F. Literaturverzeichnis

Monographien:

Hillmoth, B. (2009): Kinder im Steuerrecht, 2. Aufl., Herne 2009

Jachmann, M. (2010): Familienbesteuerung kompakt, Stuttgart 2010

Mücke, A. (2007): Neuregelung der steuerlichen Behandlung von Kinderbetreuungskosten, München 2007

Votsmeier, V. (2007): Geld- und Steuertipps für meine Familie, München 2007

Aufsätze/Artikel in Sammelwerken, Kommentaren, Festschriften:

Hillmoth, B. (2006): Lippross Basiskommentar zu EStG §33c Kinderbetreuungskosten, in: Lippross, O. (Hrsg.), Basiskommentar Steuerrecht, Stand Februar 2006, 33. Erg.-Lfg., Köln 2006

Zeitschriften- oder Zeitungsartikel:

Gunsenmeier, G. (2007): Die Neuregelung des Kinderbetreuungskostenabzugs, in: Steuer und Studium, 2007, Nr. 10, S. 476 – 484

Merker, C. (2009): Überblick über das Familienleistungsgesetz, in: Steuer und Studium, 2009, Nr. 5, S. 196 – 197

Internetquellen:

Finanztip (2012):
Familienförderung in 2012: Kindergeld – Kinderfreibetrag – Erziehungsfreibetrag. URL: http://www.finanztip.de/recht/steuerrecht/kinder-im-steuerrecht.htm, Abruf am 17.01.2012.

Konz Steuertipps (2012): Außergewöhnliche Belastungen.
URL: http://www.konz-steuertipps.de/konz/ lexikon/A/Aussergewoehnliche-Belastungen.html, Abruf am 28.01.2012.

Konz Steuertipps (2012): Kinderfreibetrag.
URL: http://www.konz-steuertipps.de/konz/ lexikon/K/Kinderfreibetrag.html, Abruf am 25.01.2012.

Textausgaben, Gesetzessammlungen:

Beck'sche Textausgaben (2012): Steuergesetze, Verlag C.H. Beck, München, Stand Januar 2012, 168. Erg.-Lfg.

Beck'sche Textausgaben (2011): Steuerrichtlinien, Verlag C.H. Beck, München, Stand Juli 2011, 138. Erg.-Lfg.

NWB Textausgabe (2005): Wichtige Steuergesetze, 53. Auflage, Verlag Neue Wirtschafts-Briefe, Herne, Stand 01. Januar 2005

NWB Textausgabe (2006): Wichtige Steuergesetze, 54. Auflage, Verlag Neue Wirtschafts-Briefe, Herne, Stand 01. Januar 2006

NWB Textausgabe (2007): Wichtige Steuergesetze, 55. Auflage, Verlag Neue Wirtschafts-Briefe, Herne, Stand 01. Januar 2007

NWB Textausgabe (2008): Wichtige Steuergesetze, 56. Auflage, Verlag Neue Wirtschafts-Briefe, Herne, Stand 01. Januar 2008

NWB Textausgabe (2009): Wichtige Steuergesetze, 57. Auflage, Verlag Neue Wirtschafts-Briefe, Herne, Stand 15. Februar 2009

NWB Textausgabe (2010): Wichtige Steuergesetze, 59. Auflage, Verlag Neue Wirtschafts-Briefe, Herne, Stand 01. Januar 2010

NWB Textausgabe (2006): Wichtige Steuerrichtlinien, 23. Auflage, Verlag Neue Wirtschaftsbriefe, Herne

NWB Textausgabe (2007): Wichtige Steuerrichtlinien, 24. Auflage, Verlag Neue Wirtschaftsbriefe, Herne

NWB Textausgabe (2008): Wichtige Steuerrichtlinien, 25. Auflage, Verlag Neue Wirtschaftsbriefe, Herne

NWB Textausgabe (2009): Wichtige Steuerrichtlinien, 26. Auflage, Verlag Neue Wirtschaftsbriefe, Herne

NWB Textausgabe (2010): Wichtige Steuerrichtlinien, 27. Auflage, Verlag Neue Wirtschaftsbriefe, Herne

NWB Textausgabe (2009/2010): Wichtige Wirtschaftsgesetze für Bachelor, Bd. 1, Berens, H., Engel, H.-P. (Hrsg.), Herne 2009, Stand 01. August 2009

Verzeichnis sonstiger Quellen:

Bundesministerium der Finanzen (BMF):

2003: Schreiben vom 17.11.2003 IV C 4 – S2285 – 54/03 (BStBl. I 2003, S. 637) mit allen späteren Änderungen vom 09.02.2005. In: BStBl. I 2005 S. 369.

2007: Schreiben vom 19.01.2007 IV C 4 – S2221 – 02/2007. In: BStBl. I, S. 184.

2009: Schreiben vom 01.04.2009 IV A 3 – S 0338/07/10010 (BStBl. I S. 510) mit allen späteren Änderungen in der Fassung vom 12.08.2010. In: BStBl. I S. 642.

Senatsverwaltung der Finanzen Berlin (FSen Berlin) (2008): Koordinierter Ländererlass vom 11.02.08 III B 24 – S 2288a 01/07.

Dt. Bundestag (2006): Pressemitteilung vom 20.06.2006. In: hib-Meldung Nr. 190/2006

Gesetze, Verordnungen, Verwaltungsanweisungen, Richtlinien:

Da bei einigen Gesetzen verschiedene Fassungen verwendet wurden, werden diese wie folgt dargestellt:

„Abkürzung des Gesetzes": „Name des Gesetzes" vom (Datum des Gesetzes) (Name, ggf. Jahr und Seite der Fundstelle der Erstveröffentlichung) mit allen späteren Änderungen in der Fassung vom: (Jahr der geltenden Fassung): (Datum geänderte Fassung), in: (Name, ggf. Jahr und Seite der Fundstelle der Fassung).

AO (2012): Abgabenordnung vom 01.10.2002 (BGBl. I S. 3866) mit allen späteren Änderungen in der Fassung vom 22.12.2011. In: BGBl. I S. 3044.

BEEG (2012): Bundeselterngeld- und Elternzeitgesetz vom 05.12.2006 (BGBl. I S. 2748) mit allen späteren Änderungen in der Fassung vom 23.11.2011. In: BGBl. I S. 2298.

BGB (2012): Bürgerliches Gesetzbuch vom 02.01.2002 (BGBl. I S. 42) mit allen späteren Änderungen in der Fassung vom 27.07.2011. In: BGBl. I S. 1600.

EStG: Einkommensteuergesetz vom 19.10.2002 (BGBl. I S. 4212, 2003 I S. 179) mit allen späteren Änderungen in der Fassung vom:

2005: 15.02.2004, in: BGBl. II S. 1653.

2006: 26.04.2006, in: BGBl. I S. 1091.

2007: 13.12.2006, in: BGBl. I S. 2915.

2008: 20.12.2007, in: BGBl. I S. 3150.

2009: 05.02.2009, in: BGBl. I S. 160.

EStG: Einkommensteuergesetz vom 08.10.2009 (BGBl. I S. 3369, 3862) mit allen späteren Änderungen in der Fassung vom:

2010: 22.12.2009, in: BGBl. I S. 3950.

2011: 09.12.2010, in: BGBl. I S. 1900.

2012: 01.11.2011, in: BGBl. I S. 2131.

EStR 2005 mit Hinweisen: Einkommensteuer-Richtlinien vom 16.12.2005 mit allen späteren Änderungen. In: BStBl. I Sondernummer 1/2005 S. 3.

EStR 2008 mit Hinweisen: Einkommensteuer-Richtlinien vom 16.12.2005 (BStBl. I Sondernummer 1/2005 S. 3) mit allen späteren Änderungen in der Fassung der EstÄR 2008 vom 18.12.2008. In: BStBl. I S. 1017.

FamLeistG (2009): Familienleistungsgesetz vom 22.12.2008 (BGBl. I S. 2955) mit allen späteren Änderungen in der Fassung vom 16.07.2008. In: BGBl. I S. 1959.

GewStG (2012): Gewerbesteuergesetz vom 15.10.2002 (BGBl. I S. 4167) mit allen späteren Änderungen in der Fassung vom 08.12.2010. In: BGBl. I S. 1768.

JStG (2008): Jahressteuergesetz 2008 vom 20.12.2007 mit allen späteren Änderungen. In: BGBl. I S. 3150.

MuSchG (2012): Mutterschutzgesetz vom 20.06.2002 (BGBl. I S. 2318) mit allen späteren Änderungen in der Fassung vom 20.12.2011. In: BGBl. I S. 2854.

StÄndG (1979): Steueränderungsgesetz 1979 vom 30.11.1978 mit allen späteren Änderungen. In: BGBl. I S. 1978, 1849.

StVereinfG (2012): Steuervereinfachungsgesetz vom 01.11.2011 mit allen späteren Änderungen. In: BGBl. I S. 2131.

WachsBeschStFördG (2006): Gesetz zur steuerlichen Förderung von Wachstum und Beschäftigung vom 26.04.2006. In: BGBl. I S. 1091

G. Entscheidungs- und Rechtsprechungsverzeichnis

Bundesarbeitsgericht (BAG):

2010: Beschluss vom 23.06.2010 7-ABR-103/08. In: BB 2011, S. 1854.

Bundesfinanzhof (BFH):

1975: Urteil vom 16.05.1975 VI R 143/73. In: BStBl II 1976, S. 537.

1978: Urteil vom 17.11.1978 VI R 116/78. In: BStBl II 1979, S. 142.

1986: Urteil vom 29.08.1986 III R 209/82. In: BStBl II 1987, S. 167.

Urteil vom 28.11.1986 III R 01/86. In: BStBl II 1987, S. 490.

1993: Urteil vom 26.03.1993 III R 9/92. In: BStBl II 1993, S. 749.

1994: Urteil vom 26.01.1994 X R 94/91. In: BStBl II 1994, S. 544.

1995: Urteil vom 25.01.1995 X R 37/94. In: BStBl II 1995, S. 378.

1997: Urteil vom 17.04.1997 III B 216/96. In: BStBl II 1997, S. 752.

Urteil vom 06.11.1997 III R 27/91. In: BStBl II 1998, S. 187.

1999: Urteil vom 09.06.1999 VI R 50/98. In: BStBl II 1999, S. 706.

2001: Urteil vom 04.07.2001 VI B 176/00. In: BStBl II 2001, S. 675.

2004: Urteil vom 24.06.2004 III R 03/03. In: BStBl II 2006, S. 294.

Urteil vom 15.11.2004 VIII B 240/04. In: BFH/NV 2005, S. 494.

2006: Urteil vom 16.11.2006 III R 15/06. In: BStBl II 2008, S. 56.

2008: Urteil vom 19.06.2008 III R 68/05. In: BStBl. II 2009, S. 1008.

2010: Urteil vom 17.06.2010 III R 34/09. In: BStBl II 2010, S. 982.

Urteil vom 17.06.2010 III R 35/09. In: BStBl II 2011, S. 176.

2011: Urteil vom 09.06.2011 III R 61/08. In: BFH/NV 2011, S. 1947.

Urteil vom 14.11.2011 X R 25/99. In: BStBl. 2002 II S. 244.

Anhängige Verfahren: Az. V R 59/10 vom 19.01.2012

Bundesverfassungsgericht (BVerfG):

1998: Beschluss vom 10.11.1998 2 BvR 1057/91, 1226/91, 908/91.
In: BVerfGE 99, S. 216.

2005: Beschluss vom 11.01.2005 2 BvR 167/02. In: BVerfGE 2005, S. 164.

Beschluss vom 16.03.2005 2 BvL 07/00. In: BFerfGE 112, S. 268.

2010: Beschluss vom 27.07.2010 2 BvR – 2122/09. In: BFH/NV 2010, S. 1994.

Anhängige Verfahren: Az. 2 BvR 2875/10 vom 04.01.2011

Europäischer Gerichtshof (EuGH):

2007: Urteil vom 11.09.2007 C-318/05, C-79/05. In: http://lexetius.com/2007,2572.

Anhängige Verfahren: Verfahren Nr. 45624/09 vom 18.12.2009

Finanzgerichte (FG):

Hamburg (2009): Urteil vom 23.10.2009 6 K 123/09. Revision beim BFH unter III R 67/09.

Hessen (2007): Urteil vom 19.09.2007 12 K 1917/06, rkr. In: EFG 2008, S. 215.

Sachsen (2009): Urteil vom 19.08.2009 2 K 1038/09. Revision beim BFH anhängig unter III R 80/09.

www.ingramcontent.com/pod-product-compliance
Lightning Source LLC
Chambersburg PA
CBHW050928030726
47586CB00005B/1572